Estudios sobre educación

Francisco Giner de los Ríos

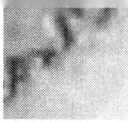

OBRAS COMPLETAS

DE

D. FRANCISCO GINER DE LOS RIOS

VII

ESTUDIOS
SOBRE EDUCACIÓN

POR

FRANCISCO GINER

PROFESOR EN LA UNIVERSIDAD DE MADRID,
Y EN LA «INSTITUCIÓN LIBRE DE ENSEÑANZA»

MADRID
1922

MADRID.—Imprenta de Julio Cosano, Torija, 5.

Corresponde el presente volumen de las «Obras completas» de D. Francisco Giner de los Ríos a la sección de *Educación y Enseñanza*, y es el segundo que se publica de la serie.

Los numerosos trabajos de carácter pedagógico, dados a luz por D. Francisco, se encuentran diseminados en multitud de periódicos (*El Pueblo, El Globo, El Imparcial*, etc.), y de revistas (*Boletín-Revista de la Universidad de Madrid, Revista de España, Revista Meridional, La Lectura*, etc., y principalmente el *Boletín de la Institución Libre de Enseñanza*). De tan extensa y esparcida obra, coleccionó el autor, en diversas épocas y para atender a las necesidades de su modestísima vida, los trabajos que forman los tres volúmenes: *Estudios sobre educación, Educación y enseñanza y Pedagogía universitaria*.

Da unidad a la primera de estas colecciones el carácter general y filosófico de sus trabajos, todos ellos ensayos sobre los principios teóricos de la Pedagogía. Predominan en la segunda los estudios de aplicación, de organización práctica de los principios y las reflexiones sugeridas por los tanteos hechos u observados por el autor. Y en el tercer volumen hace la historia de las Universidades y discute los problemas pedagógicos contemporáneos de la educación en la llamada enseñanza superior.

Hay, además de éstos, otros dos volúmenes, también de cuestiones pedagógicas, y que fueron publicaciones póstumas de D. Francisco: *La Universidad española* (impresa por primera vez en esta colección de sus «Obras completas») y los *Ensayos sobre educación*, que dió a luz la casa editorial «La Lectura», con la cual había adquirido este compromiso, y cuyos originales, reproducción de trabajos ya publicados, dejó el autor cuidadosamente corregidos y nuevamente anotados.

Al organizar los materiales de esta sección segunda de sus «Obras completas», se creyó desde luego que era deber imprescindible comenzar por dar a conocer al público su obra sobre *La Universidad Española*, que estaba aún inédita, y que por este motivo vino a formar el tomo II de la presente colección, completado con algún otro estudio de la misma índole. Incorporado ya aquel trabajo al pensamiento contemporáneo, sus demás obras pedagógicas irán publicándose en el orden cronológico en que fueron apareciendo. Corresponde el primer lugar en este respecto a los *Estudios sobre educación.*

Lleva, pues, el volumen VII de la colección el mismo título que puso el autor a la primera que publicó de sus artículos – la aparecida en la «Biblioteca Económica Filosófica» (volumen XXVI) –, porque constituyen la mayor parte de este volumen, reproducidos en el mismo orden en que entonces aparecieron. Pero no se han tomado, al reimprimirlos, ni de la primera edición (1886), ni de la segunda (1892), ambas de la «Biblioteca Económica Filosófica», sino de la edición póstuma de estos estudios en el antes citado libro *Ensayos sobre educación,* libro que, como indicamos más arriba, dejó cuidadosamente preparado D. Francisco.

Los trabajos que se han agregado para completar el volumen están seleccionados de sus artículos de carácter pedagógico-teórico, aun no reproducidos, entre lo mucho que hay disperso. Son los que figuran en el índice a partir del titulado «El curso de Pedagogía del Dr. Hohlfeld», y todos ellos vieron la luz por primera vez en las columnas del *Boletín de la Institución Libre de Enseñanza,* y en las fechas indicadas al pie de cada uno de ellos. Comprenden exposiciones y comentarios de las nuevas doctrinas, ensayos sobre cuestiones palpitantes o fundamentales de la educación, resúmenes detallados de lecturas, enriquecidos con las apreciaciones críticas en que tan admirablemente sabía el autor interpretar el más hondo sentido de una teoría, y darle, además, el justo valor que pudiera tener para la conducta en la vida del individuo y en su acción social.

Debe recordarse, al leerlos, que todos estos trabajos están pensados, vividos y escritos en aquel período de fervor en que veía nacer y comenzar a agitarse luchando su obra más querida. Y él no vivía más que para infundir en ella cada vez más alto espíritu, para incorporar, con la mayor tensión, a su amada escuela, sus mejores pensamientos, la fuerza toda de su ideal y todo el tesoro de su cultura y de su experiencia. En estos artículos, y por muy atenuado que la concreción de lo escrito lo manifieste, brilla el reflejo de su vida mental en una de las épocas de más hondas preocupaciones por el renacimiento espiritual de su patria. Son de eterno valor actual; ellos han sido fecundos para sugerir y mantener vigorosos los movimientos reformadores nacidos de su inspiración, y a ellos hay que acudir siempre que se intenta renovar y espiritualizar el sentido de nuestra educación y de levantar nuestra enseñanza. Serán luz siempre para toda orientación de la cultura del ideal para la vida.

R. R.

Aunque el fundador de esta «Biblioteca» (*) haya tomado sobre sí con generoso empeño la misión de contribuir en España a la cultura del pensamiento filosófico, difundiendo sus más importantes frutos en la historia, ha creído compatible con su fin, esencialmente educador, la publicación de los siguientes *Estudios*, inspirados en el profundo anhelo de despertar el interés, todavía tan escaso, por los graves problemas a que se refieren, y de los cuales depende nuestra redención física y moral, intelectual y estética, individual y social, religiosa y política: humana, en suma, con que ganemos siquiera para nuestros hijos la vida de la civilización, ante cuyos umbrales nosotros aun estamos. Sólo este anhelo puede explicar que el autor haya cedido a la invitación del editor, aprovechando un medio más para cumplirlo en la me-

(*) Se refiere a la «Biblioteca Económica Filosófica» en que se publicó esta colección.

dida de sus fuerzas, cuya cortedad bien conoce, y seguro de que nadie le atribuirá la idea de que, bajo ningún otro concepto, puedan figurar estos opúsculos en la espléndida serie que interrumpen.

F. GINER.

INSTRUCCION Y EDUCACION

Si basta imprimir en el pensamiento las ideas y
los datos de todas clases, acumulados por la continua labor de las generaciones, para que el hombre,
de esta suerte iniciado en el espléndido tesoro que
de sus mayores heredara, pueda cumplir sus fines
con sólo tomar de él a manos llenas y aplicarlo
abundante a las múltiples necesidades de la vida,
la Pedagogía, la ciencia de la educación, una de
esas grandes creaciones del espíritu moderno, ha
venido en mal hora para su porvenir a un mundo en
el que nada le estaría encomendado. Estampar en
la mente del niño y del joven esos conocimientos,
ora de un modo ocasional, según lo va reclamando
el curso incidental de los sucesos, ora conforme a
un plan preconcebido y formando de ellos estadística metódica donde todos se clasifiquen por géne-
ros y especies, como clasifican los naturalistas los
animales o las plantas, serían entonces respectivamente la diversa misión de la familia y de la escuela. Excitar la fantasía para que su representación
de los elementos trasmitidos sea pintoresca y grá-

fica; el entendimiento para que los interprete con clara discreción; la memoria para que los conserve y tenga prontos a la primera coyuntura, constituiría el único procedimiento para levantar el niño a hombre formal y adulto: el único método de esa tutela que, por ley de naturaleza, incumbe a los padres, al mayor, al maestro, sobre el hijo, el menor, el alumno.

Por fortuna, las cosas están dispuestas de muy otra manera. Pues si ese mismo tesoro ha de acrecentarse gradualmente; si los seres racionales son algo más que repetidores mecánicos de lo que aprendieron; si poseen—que por esto precisamente son racionales—un germen capaz de obligado desarrollo, con propia virtualidad; y si al par de la inteligencia en todo su vigor, deben irse en él manifestando por sus grados naturales y en íntima armonía las restantes potencias de su alma, el amor a lo bello y a las grandes cosas, el espíritu moral, el impulso voluntario y, sobre todo, el sentido sano, viril, fecundo, que nos va emancipando de los limbos de la animalidad, donde el niño y el hombre primitivo dormitan, y elevándonos a la plenitud de nuestro ser, entonces—fuerza es reconocerlo—la educación actual, descuidada en la casa y todavía más en la escuela, pide urgente reforma, y la pedagogía tiene infinito que decir y que hacer.

Testigo abonado de ello es nuestra presente sociedad, cuyas tendencias adolecen de un vicio radicalísimo. «Se nos enseñan muchas cosas—dice con frecuencia el joven—, menos a pensar ni a vivir.» El resultado es lógico. Los hombres *medio instruidos*, pero no *educados*, tienen su inteligencia y su corazón punto menos que salvajes; oscilan al azar, guiados por un oscuro instinto, más difícil de interpretar que el oráculo de Delfos; ignoran el arte de formar ideas propias y el de servirse de las ajenas, y la anarquía de su desvariado pensamiento se refleja en la inconstancia de su conducta, que por fáciles modos se envilece en el egoísmo y el ateísmo práctico. Así, la sociedad contemporánea, hija de aquella psicología para la cual la nota característica del espíritu es el pensamiento, no ve en el hombre más que la inteligencia, y en la inteligencia, el entendimiento; es decir, la fuerza de penetración y acomodo de los pormenores. Así también el gobierno de esta sociedad no está, como suele decirse, en manos del dinero ni de la fuerza, sino del talento, de los hombres sagaces, astutos, rápidos de comprensión, descreídos de ideal y expeditos de lengua.

Por manera que la educación de nuestros tiempos padece, primeramente, por suponer que el elemento intelectual es el único que necesita racional dirección, y abandonar el resto a la conciencia individual y al irregular, y a veces contradictorio, estímulo de los varios sucesos a que se fía la formación de nuestro espíritu en todas relaciones. Y en segundo lugar, peca esa educación, dentro ya de esa misma esfera, a que tenazmente se limita, por ser principal, casi exclusivamente, pasiva, asimilativa, instructiva, ciñéndose a imbuir en nosotros las cosas que se tienen por más averiguadas y dignas de saberse, sin procurar el desarrollo de nuestras facultades intelectuales, su espontaneidad, su originalidad, su inventiva. ¡Qué convicciones arraigadas pueden esperarse de semejante sistema!

No es pertinente ahora discutir la parte en que la llamada «filosofía positiva», venida a la historia en estos últimos tiempos, favorece con una cooperación inevitable este arraigado vicio de nuestra educación intelectual. Sus afirmaciones conducen a la proscripción de lo absoluto en el conocimiento, a la imposibilidad consiguiente de principios universales y estables, al menosprecio de la dialéctica racional, al abandono de la severidad metódica, sobre todo en el positivismo dogmático, sin necesidad de la cual otorga al primer advenedizo el derecho de fantasear a cada hora las más atrevidas inducciones sobre el dato menos concluyente; creyendo con ingenuidad que todo queda compensado con borrar la palabra «absoluto» de ese incesante torbellino, donde se engendran y perecen, en el punto mismo de engendrarse, tanta teoría, y tanta hipótesis, y tanta gentil ocurrencia, como las que echaba en cara, con razón, el antiguo apriorismo especulativo. Lugar habrá más propio para estudiar los bienas y los males que, como todas, ha traído a la historia esa dirección, y para conjeturar el resultado de sus esfuerzos, en otro sentido, tan fecundos. Ahora, lo único necesario es consignar cómo, lejos de contribuir a que nuestra educación se depure, ha coadyuvado al *statu quo*, amparando primero el predominio intelectualista, y luego, en este orden, el menosprecio de lo racional y suprasensible, única base para enseñar a los hombres principios de conocimiento y de conducta.

Al concepto de la educación y la enseñanza en vigor, obedecen, en general, el espíritu interno y la organización exterior de todas nuestras escuelas, así las destinadas a dirigir al hombre en los primeros años de su vida, como las que presumen de más altos servicios. Cierto que respecto de aquéllas, por la impotencia lógica del absurdo, se reconoce casi unánimemente que deben tener carácter educador, esto es, cuidar de desenvolver en el niño todas las energías y facultades; pero esta declaración, meramente teórica, no surte en la práctica efecto alguno de verdadera importancia. El procedimiento usual de *estampación*, que podría decirse, y por medio del cual se lucha a brazo partido con el niño hasta hacerle repetir mecánicamente unas cuantas nociones —más o menos inexactas—, más parece artísticamente enderezado a anular en él la inteligencia que a proteger su gradual evolución. Una disciplina absurda, que obliga a la quietud y al silencio; que favorece la vanidad, la envidia, la delación y la mentira, y da frecuentes ejemplos de violencia, de ordinariez en aspiraciones, gustos y maneras, por lo común de vergonzosa suciedad en la persona y el vestido, corona dignamente esta obra de ignorancia. Ya después, ¿a qué hablar de personal, de material, de locales? En todo ello, y tomadas en conjunto, las escuelas públicas y las privadas rivalizan desdichadamente.

La profunda concepción de Fröbel, que, destinada a operar un cambio radicalísimo en nuestra sociedad, comienza por fortuna a difundirse en todos los pueblos cultos, constituye, sin duda, el inmediato fundamento para la reforma de nuestra educación. Recordemos, por cierto, que a hombres liberales se debió el establecimiento de la primera cátedra para enseñar la pedagogía fröbeliana, cátedra abierta en la Escuela libre de Institutrices por el inolvidable D. Fernando de Castro; como se le debieron los proyectos para crear varios jardines conforme a este sistema, proyectos sobre los cuales ha establecido luego el de Madrid el Sr. Conde de Toreno (1). Pero los procedimientos de Fröbel nada

(1) Unico oficial (y extraoficial) que creo exista todavía en 1914.—En 1882 quisieron el ministro Albareda y el director Riaño dar un enérgico impulso a los jardines fröbelianos creando una escuela para la formación de sus maestros y un patronato para dirigir ésta y aquéllos; pero la reacción ignorantista de 1884 (Pidal, D. A.) suprimió la escuela y modificó el patronato sustituyendo a personas de tan alta competencia y universal

significan, ni pueden tener trascendencia, si no van acompañados del sentido que los inspira. Recuérdese lo que acontece en la inmensa mayoría de nuestras escuelas de párvulos, donde los ejercicios corporales y estéticos, los juegos instructivos, la intuición y demás resortes para desenvolver el espíritu infante, proclamados por el ilustre Montesino, degeneran con enojosa frecuencia en un mecanismo rutinario, sin libertad, monotono, que al poco tiempo aburre tanto al niño como los antiguos y fastidiosos métodos. ¡Cuán sorda, pero cuán tenaz resistencia han de hallar estas innovaciones entre nosotros, cuando todavía en Alemania y en Inglaterra un Rosenkranz y un Bain defienden la eficacia de los castigos corporales, a pesar de considerarlos el segundo «como una injuria grave para la persona que lo aplica y para los que se ven obligados a presenciarlo»!

Así no es maravilla que uno de los más competentes reformadores de la enseñanza francesa, Julio Simón — si mal no recordamos — haya dicho: «Todos los niños son inteligentes, hasta que entre el maestro y los padres se encargan de embrutecerlos.»

Y, con todo, en la escuela primaria todavía la fuerza de las cosas mantiene cierta tendencia educadora, pese a Bain, que, contra su habitual dis-

---

reputación intelectual y moral como, v. gr., Doña Concepción Arenal o Don Juan Uña, por una sección de respetables damas de la Junta de Beneficencia. Y así siguen.

creción, opina que la misión del maestro es suminis-
trar al discípulo «una cierta instrucción definida».
Allí, con efecto, no cabe desatender en absoluto el
sentimiento, ni la actividad corporal, ni el carácter
moral del alumno. En las demás instituciones que forman los grados superiores de la jerarquía, el divorcio es tan rigoroso, cuanto que las más veces hasta
se procura de intento. Los griegos lo entendían de
otro modo. Para ellos, ni cabía instrucción sin educación intelectual, ni educación intelectual sin cultura completa del espíritu y el cuerpo. Platón será
en este punto el eterno modelo de toda enseñanza
digna de tal nombre. Enseñanza—¡qué herejía para
el antiguo régimen!—dada sin reglamentos, concur-
sos, oposiciones, libros de texto, exámenes; sin
borlas, mucetas y demas insignias solemnes; y—lo
que es más grave aún—sin ese pedantesco abismo
entre el maestro y el alumno, extraños hoy uno a
otro para lo más de su vida, salvo el efímero vínculo
de la lección académica, en que el profesor se siente
inspirado de Real Orden todos los lunes, miércoles
y viernes, de tres y media a cinco de la tarde. La
unidad interna de su vocación formaba alrededor
del filósofo el círculo de sus discípulos; y un trato
personal y continuo alimentaba esa intimidad, sin la
cual es imposible que se entregue a libre comunión
la conciencia, cerrada por legítimo pudor ante la
mirada indiferente de un auditorio anónimo y extraño. En cuanto al cuidado del cuerpo, sabido es

hasta dónde lo elevó aquel pueblo de artistas. Hoy,
¡qué diferencia!, las prácticas de aseo que se hallan
a cada paso en la *Odisea*—con referirse nada menos que a los tiempos homéricos—debieran decre-
tarse por las Cortes para más de un Consejero de
Instrucción pública.

La filosofía escolástica, considerada exclusivamente con respecto a nuestro asunto, vino a cumplir lo que tal vez faltaba a la griega: el rigor intelectual, más que en la indagación, en la construcción de la ciencia, cuyas formas y procedimientos
afinó sutilmente. Pero la enseñanza, familiar todavía en los primeros siglos de la Edad Media y en
los primeros tiempos de sus Universidades, tendía
por necesidad cada vez a cerrarse en el intelectualismo y fué perdiendo aquella condición, sobre todo
desde el establecimiento de las Universidades, de
que ya en el siglo XVII Espinosa advertía en su *Tra-
tado político* que, «más que para cultivar los inge-
nios, se levantaban para oprimirlos». (*Academiæ,
que sumptibus reipublicæ fundantur, non tam ad
ingenia colenda quam ad eadem coercenda insti-
tuantur.*)

Y si la libre expansión cultural del Renacimiento
trajo en esta esfera una crisis, de la cual había de
nacer un mayor interés por los problemas de la educación, interés siempre desde entonces en aumento,
hasta engendrar la constitución de la Pedagogía
como ciencia, el principio de la jerarquía externa,

útil para fundar las nuevas sociedades, pero iniciado
con el carácter exclusivo propio de los tiempos, se
aplicó a aquellas corporaciones, que en la mayoría
de los pueblos apenas van acertando hoy todavía a
abrir liberalmente su espíritu a comunión con el
espíritu social. En virtud de este orden de cosas,
maestro y discípulo vinieron a considerarse, no
como cooperadores, pero igualmente interesados en
la obra científica, mas como dos órganos de funciones radicalmente inversas. El primero, como tal
maestro, no era el hombre que investigaba la verdad, sino el que la poseía y la enseñaba; el segundo
era el profano, el lego, que sólo tenía que poner de
su parte lo estrictamente necesario para recibirla
y retenerla.

Compréndese, desde luego, que esta nueva concepción, poderosamente auxiliada por el carácter
dogmático de aquella edad y por la función principalmente instrumental de aquella filosofía, amenazaba
desde luego la intimidad entre maestro y discípulo:
intimidad que sólo cabe en la idea de un fin común
y de una igual dignidad. Y la amenaza se cumplió
por ley indeclinable; y la generosa juventud de la
Academia, del Liceo, del Pórtico, vino a convertir-
se, andando el tiempo, en la masa indiferente y sin
interna vocación que se atropella en los bancos de
nuestras aulas el mínimo tiempo indispensable para
obtener sus certificaciones.

La enseñanza perdió su carácter indagativo;

pero como la ciencia no pudo perderlo, apartáronse una de otra, más o menos amigablemente, y las investigaciones originales se verifican desde entonces, digámoslo así, a puerta cerrada, por los profesores, o, más aún, por sabios, ajenos al profesorado; porque en Inglaterra, v. gr., con motivo de la urgente reforma de sus vetustas instituciones clásicas, un escritor ha asombrado al país con el catálogo de los descubrimientos que allí se han hecho fuera de las Universidades. Entre nosotros, la opinión, justamente alarmada al comparar la enorme plétora de nuestras aulas con el lento progreso de la cultura pública, quizá comenta aún aquellas palabras de Roxas Clemente, al afirmar que, si de sus estudios resultaren con el tiempo algunas ventajas a la patria, «todas se deberían a quien le apartó de las tareas estériles de colegios y Universidades...» (1).

Los resultados, luego, de las propias o ajenas investigaciones que mejor comprobados parecen, se comunican al alumno, el cual ya no tiene más que aprenderlos, librándose de la tarea enojosa de buscarlos; verdad es que, adoctrinado por el hábito, si algo pide, es que se disminuya hasta el mínimo de los mínimos la dosis de sabiduría que ha menester para salir aprobado.

_____

(1) Y Macpherson, el primero de nuestros geólogos en su tiempo —cuando este artículo se escribía— solía decir, con análogo sentido, que jamás había sufrido un solo examen ni obtenido título alguno académico.

La vocación del profesor, en semejante orden de cosas, ¿cómo no ha de decaer, y punto menos que extinguirse? Sin faltar a conveniencia alguna, deber doblemente imperioso para quien ha podido observar desde adentro el organismo real del Magisterio público, y dejando a salvo la excepción de hombres beneméritos e ilustres (cuyos nombres, por lo mismo de ser tan pocos, vienen a los labios de todos), lícito es asegurar que no siempre, ni las más veces siquiera, son motivos extraños a la elección de este oficio, la estabilidad que en él—a veces—se disfruta; la relativa independencia en su desempeño; la consideración que se le otorga, superior a su mezquino salario; las facilidades que proporciona para aumentar su clientela al abogado y al médico, o para llegar rápidamente a la cúspide de los honores y las dignidades políticas. Y si alguna voz se levanta en el seno de esta clase, invocando sus fines y llamándola a cooperar más concienzudamente en la doble obra de la ciencia y la educación nacionales, para un corazón que responda, ¡cuántas miradas de asombro en los sencillos, y cuántas sonrisas cínicas de los expertos y avisados vendrán a señalar la presión que en unos y en otros ejerce la conciencia de su ministerio!

Para acudir a los males, infinitamente varios, que de esta deplorable situación proceden, se han proyectado y puesto por obra remedios muy varios también. Así, por ejemplo, Francia, cuyas Faculta-

des vegetan en el mecanismo burocrático, ha ensa-
yado en su Escuela de altos estudios, y en otras,
una enseñanza más libre, análoga a la de las Universidades alemanas, y privada para su bien «de
efectos académicos». Pero ni esta reforma era suficiente, porque el mantenimiento del *statu quo* en
las Facultades daba a esos centros carácter de excepción, restringiendo considerablemente su influjo, ni tenía intimidad bastante, más que en ciertos
estudios (v. gr., los de Química), que por la índole
especial de sus trabajos exigen casi siempre una
comunicación más personal y estrecha del profesor
con el alumno, colegas allí, por fortuna, en el proceso de las investigaciones. No es, pues, maravilla
que hoy se quiera salir de este orden de cosas (1).

Pero el verdadero remedio — ya se habrá comprendido por este trabajo—es otro y muy sencillo,
tan sencillo como seguro, aunque de lenta y labo-
riosa aplicación: acentuar el carácter educativo en

_____

(1) Véase la circular (5 junio 1879) de M. Ferry sobre pensiones de nomenclatura *(bourses de licence)* y el excelente comenta-
rio del *Journal des Débats* de 19 de setiembre. Al mismo espíritu
obedecen las instituciones de los *maîtres de conférences*, Directores de trabajos prácticos en las Facultades, etc. La Escuela
Normal superior, es, sin embargo, el más perfecto ensayo en
este sentido, no obstante ciertos defectos: v. gr., la rígida bifur-
cación de sus estudios (Letras y Ciencias), su régimen interno de
convento o cuartel, su olvido de los ejercicios corporales y de
aquellos elementos de los grandes colegios ingleses—la libertad,
la educación moral, entregada hoy toda vía (1915) a los repetidores y sargentos retirados—completado con los cuales, sería
en todos sentidos, como hoy lo es en muchos, un verdadero
establecimiento de primer orden en su género.

la escuela primaria, donde apenas existe, pero a cada instante brota, y llevarlo desde allí a la secundaria, a la especial y profesional, a la superior; en suma, a todos los órdenes y esferas. Como condiciones externas para que ese nuevo espíritu pueda allí formarse, hay que convertir las lecciones en una conversación familiar, práctica y continua entre maestro y discípulo; conversación cuyos límites variarán libremente en cada caso, según es fácil suponer, pero que acabará con las explicaciones e interrogatorios del método académico, como igualmente con la solemnidad de nuestros exámenes y demás ejercicios inútiles. Para decirlo de una vez: conservando el sistema de mera exposición a aquella enseñanza en forma de discursos, que se dirige a un auditorio anónimo y de un cierto nivel medio de cultura, constituyendo las conferencias públicas, en lo demás, una cátedra de Instituto, como una de doctorado; las de Derecho Civil como las de Fisiología o las de Metafísica, todas deben reproducir, cada cual a su modo, el tipo fundamental de una escuela primaria bien organizada. Esto es, deben venir a ser una reunión durante algunas horas, grata, espontánea, íntima, en que los ejercicios teóricos y prácticos, el diálogo y la explicación, la discusión y la interrogación mutua alternen libremente con arte racional, como otros tantos episodios nacidos de las exigencias mismas del asunto. Algo de esto pretenden los seminarios alemanes y demás institutos análogos, y los cursos *fermés* de Francia, como los consagrados sobre todo a las lenguas sabias y a las ciencias de la naturaleza.

No es posible alargar ya este desmedido trabajo. Sólo debe advertirse, para concluir, que la reorganización de la escuela primaria y la aplicación de sus formas y métodos más y más depurados a la secundaria, y de aquí cada vez en más amplia esfera —que es por donde debe empezarse—, constituye, no obstante el delicado tacto que requiere, una empresa inmediatamente asequible: de ello quisiera bien dar muestra la Institución Libre de Enseñanza. Nuestra torpeza y falta de medios tienen ¡todavía! a medio resolver este problema. Mientras esto no se comprenda, poco ha de esperarse de nuestros centros docentes, públicos o privados, para la cultura y progreso de la patria. El niño, que detesta la escuela; el joven, que maldice los estudios graves; el Gobierno, que los proscribe de sus cátedras y hasta los persigue en ocasiones; el profesor, que repite año tras año la misma cantilena, suspirando con el alumno por la hora dichosa de las vacaciones, que ha de emanciparlos a entrambos (1), son, des-

---

(1) Si es cierto que es España una de las naciones más infortunadas en cuanto a las relaciones entre el profesor y el alumno, el régimen escolástico produce sus efectos en todas, aun en las más adelantadas. Véase, si no, lo que acontece en Inglaterra: aún hoy miran que el discípulo y el maestro se quejen de la frecuencia de los intervalos que los separan. Son una especie de enemigos naturales (?), siempre molestos uno para otro y

pués de la atonía del espíritu nacional, el más elo-
cuente testimonio contra un orden de cosas que sólo
por excepción deja de inspirar tedio. Con ser tan
miserables los recursos materiales consagrados a
su subsistencia, quizá todavía exceden al beneficio
que produce.

1879

---

siempre alegres de estar separados. Un año entero de vacaciones sería el ideal para ambos.» *Times* del 15 de setiembre último.

EL ESPÍRITU DE LA EDUCACIÓN

EN LA

INSTITUCIÓN LIBRE DE ENSEÑANZA

A.—Discurso inaugural del curso 1880 81 (1)

I

Señores: Germinada en el hervidero de las ideas con que sacudió nuestra pereza intelectual el impulso de la libertad de enseñanza; nacida luego en medio de una crisis profunda, y a favor de ella, como todas las obras firmes de la humanidad y de la vida; gradualmente desenvuelta a compás de la evolución con que ha ido granando en sus senos la conciencia de su fin; penetrada de severo respeto hacia la religión, el Estado y los restantes órdenes sociales, la *Institución Libre*, de día en día más próspera y fecunda para bien de todos—aun de sus adversarios—, merced al concurso espontáneo de la sociedad, a quien, después de Dios, todo lo debe, viene hoy a renovar ante ella sus votos. tendiendo con amistosa fraternidad la mano a todas las doctrinas y creencias sinceras, a todos los centros de

(1) Desde el curso de 1883 a 84 ha suprimido la *Institución* las sesiones inaugurales, y, por tanto, estos discursos.

cultura, a todas las profesiones bienhechoras, a todos los partidos leales, a todos los Gobiernos honrados, a todas las energías de la patria, para la obra común de redimirla y devolverla a su destino.

Obra es ésta, señores, que pide clara concepción, labor profunda, ánimo sereno, devoción austera, paciencia inquebrantable. De ese común espíritu imbuídos los diversos órganos de la vida social, aportan a ella todos, cuando permanecen fieles a su vocación, el generoso fruto de su ministerio. Extiende la religión entonces por doquiera la santidad de la virtud, la paz, la tolerancia, la concordia, el solidario amor entre los hombres, hijos de un mismo Padre, que cada cual invoca en su distinta lengua; despierta la conciencia de la unidad radical de las cosas, y presta a todas, aun las más humildes, un valor trascendental y supremo y una como participación en lo infinito. El arte de lo bello depura el sentimiento, ordena y disciplina la fantasía, remueve las entrañas y la faz de la Naturaleza, nos abre el inagotable venero de goces sanos, íntimos, varoniles, y desenvuelve en nosotros un sentido ideal, que sabe hallar mundos y regueros de luz aun allí donde el vulgo tropieza entre tinieblas. La industria y el comercio dilatan de día en día los horizontes de la civilización a expensas de la barbarie (1), estrechan los vínculos entre las naciones, acercan el pan del

(1) No se vea en esto la más leve alusión favorable a las guerras de Marruecos.

cuerpo y el del alma a muchedumbres cada vez
más y más numerosas, que así logran los medios de
vivir una vida digna de seres racionales; ennoblecen
el trabajo, emancipan a las clases jornaleras de la
servidumbre de la fuerza bruta; a las clases ricas,
de la servidumbre de la ociosidad y del parasitismo,
y obligan a unas y otras—las más atrasadas hoy en
nuestro pueblo—a que de buen o mal grado entren
a participar de los derechos de la responsabilidad y
de la cultura que con labor tan improba dispone
para todas la historia. La beneficencia—uno de los
nombres de la justicia—llama a su seno al niño
abandonado, que un día pedirá de palabra, o de obra,
estrecha cuenta a quienes lo desamparan hoy en la
vía pública para arrogarse mañana el derecho de
tratarlo como a bestia salvaje; al proletario, víctima quizá de su atraso e incuria, o de la incuria y el
atraso ajenos, y de la supuesta fatalidad invencible
de las leyes del mercado económico; al delincuente,
contra el cual enciende y atiza los odios una psicología ignorante, última defensa de las dos instituciones más bárbaras de nuestra organización criminal: la pena de muerte y las prisiones en común, a
la española; al anciano, al enfermo, al demente, al
vicioso, al inútil; en fin, a esa desventurada mujer,
cuyo vil oficio ha elevado la sabiduría administrativa de nuestra edad al rango de una profesión reglamentada, sometida a tributo y garantida con el diploma y sello del Estado.

Y, sin embargo, ese mismo Estado, o, hablando con propiedad, los gobiernos, órganos directores de la comunidad política, ¡cuán generoso servicio prestan a la patria, si la virtud moral de sus depositarios enfrena sus intereses egoístas! Conságranse entonces, en pro del derecho, a traducir en fórmulas ideales las aspiraciones oscuras, pero sanas y firmes, de la conciencia nacional, mantenida sin usurpación en su fuero legítimo; someten luego a esas fórmulas aun las voluntades más rebeldes; conservan la unión orgánica entre la diversidad de los fines humanos: con que triunfa en suma la justicia, cooperando al destino que a cada pueblo corresponde cada vez en la historia. ¡Cuán humildes, y por bajo de este deber espléndido, quedan ahora todas las soberbias fantasías subjetivas en que se complace el señor de un poder tan limitado en realidad, tan omnímodo y absoluto en la apariencia!

Yo no sé si por ley de su naturaleza, más de seguro sí por la del tiempo, entre esas fuerzas civilizadoras de nuestra sociedad, corresponde el primero y más íntimo influjo a la enseñanza. Debido, empero, a causas muy complejas, dependientes de una imperfecta concepción del ser, vida y desenvolvimiento del hombre, hoy es el día en que apenas principia a ser considerada en la integridad de su destino. Por fortuna, aun aquellas dos grandes naciones a quienes la Humanidad tanto debe, pero en las cuales la enseñanza ha tenido el carácter más intelectual posible, Alemania, la patria del nuevo escolasticismo —como alguien la llamaba no ha mucho—; Francia, donde oscilaba entre el mecanismo y la retórica, principian, bajo el imperio de las nuevas ideas, a reformar sus instituciones docentes para concertarlas con las sociedades actuales.

En efecto; el movimiento insuperable que en este orden se advierte no aspira sólo a extender la enseñanza con potentísima energía, sino también a corregir su cualidad desde sus primeros fundamentos.

Y si no, estudiad los progresos del método intuitivo. No pide este método, como se piensa a veces, que la enseñanza sea siempre experimental, que presente a los sentidos del alumno hechos, datos, formas individuales y concretas sobre que levantar luego sus conclusiones. La observación sensible, con todos sus procesos particulares, tiene lugar, sin duda, y prepotente, en los primeros tiempos del desarrollo del espíritu, que entonces apenas excede esos límites, de los cuales ha de alzarse un día a más amplias esferas. Asimismo lo tiene como función particular, entre otras, en la génesis de todo conocimiento y disciplina, por fundamentales que sean; desde la ciencia geométrica —que, según ha logrado mostrar uno de nuestros profesores (1), nada

(1) Don A. G. de Linares en sus investigaciones morfológicas publicadas en la *Revista de España* y en el *Boletín de la Institución*.

gana con apartarse de la observación morfológica de la naturaleza y de la fantasía—, a la misma metafísica, la cual halla en el fondo, hasta del último individuo, los elementos categóricos, universales y comunes del parentesco sustancial de los seres.

Calculad, dentro de este orden, la importancia del método intuitivo, que sustituye la realidad a la abstracción, la luz que el objeto nos presta a la que nos viene de la palabra del maestro, su eco ya descolorido, aun la más viva, pintoresca y brillante.

Pues no es menor su importancia en la esfera de las ideas primordiales, en la dialéctica de su formación, allí donde no alcanza la observación sensible. Él es quien, rompiendo los moldes del espíritu sectario, exige del discípulo que piense y reflexione por sí, en la medida de sus fuerzas, sin economizarlas con imprudente ahorro; que investigue, que arguya, que cuestione, que intente, que dude, que despliegue las alas del espíritu, en fin, y se rinda a la conciencia de su personalidad racional: la personalidad racional, que no es una vana prerrogativa, de que puede ufanarse y malgastar a su albedrío, sino una ley de responsabilidad y de trabajo.

Así considerado este método intuitivo, realista, autóptico, de propia vista y certeza, el método, en suma, de Sócrates, no es un proceso particular, empírico, ni mejor entre otros, sino el único autorizado en todo linaje de enseñanzas. No es, pues, maravilla si, aplicado a la infancia en los tiempos

modernos, merced a los esfuerzos de Rousseau, de
Pestalozzi, de Fröbel, va poco a poco extendiéndo-
se a diversos estudios, en los cuales la indagación
familiar ha de substituir a aquellas antiguas formas
expositivas y dogmáticas que Cousin creía indis-
pensables para penetrar en el espíritu de la juventud, y que, a lo sumo, serán útiles para conferencias
dirigidas a muchedumbres anónimas. Como también
se comprende al punto que, por su virtud vivifican-
te, haya ido despertando en las inteligencias la idea
de que la educación, no la mera instrucción, ha de
ser siempre el fin de la enseñanza.

A la hora presente, este carácter que, con error
nada liviano, suele estimarse privilegio de la escuela primaria, va comenzando a ganar otras esferas;
y aun aquellas que se proponen como objeto, no la
cultura general del individuo, sino su preparación
para determinadas profesiones, concluirán un día
por emanciparse de ese torpe sentido, según el
cual, al abogado, al médico, al ingeniero y hasta al
maestro, les basta con aprender un manual de secas
fórmulas y adiestrarse luego en la práctica de sus
respectivos oficios. De aquí, son esas funciones
donde la rutina, la aridez, la falta de espontaneidad y de atractivo más se advierten, salvo en personalidades superiores; tantas veces triste y desa-
brido recurso para remediar las comunes urgencias
de la vida; las menos, funciones racionales que respondan a la libre vocación del espíritu.

Una autoridad insigne (1) lo ha dicho. «Si veis en la escuela niños quietos, callados, que ni ríen ni alborotan, es que están muertos: enterradlos.» Pues ese principio severo, ese axioma de vitalidad que hace del trabajo el medio ambiente y natural del hombre y lo corona de alegría, no lo ha traído al mundo la pedagogía moderna en balde, ni sólo para la escuela primaria, donde, por desgracia, apenas aun existe; penetrad bien su íntimo sentido y extendedlo entonces sin pueril recelo a todos los grados de la educación y la enseñanza. Transformad esas antiguas aulas; suprimid el estrado y la cátedra del maestro, barrera de hielo que lo aisla y hace imposible toda intimidad con el discípulo; suprimid el banco, la grada, el anfiteatro, símbolos perdurables de la uniformidad y del tedio. Romped esas enormes masas de alumnos, por necesidad constreñidas a oír pasivamente una lección, o a alternar en un interrogatorio de memoria, cuando no a presenciar desde distancias increíbles ejercicios y manipulaciones de que apenas logran darse cuenta. Sustituid en torno del profesor, a todos esos elementos clásicos, un círculo poco numeroso de escolares activos, que piensan, que hablan, que discuten, que se mueven, que *están vivos*, en suma, y cuya fantasía se ennoblece con la idea de una colaboración

---

(1) *Conférences faites aux instituteurs réunis à la Sorbonne à l'occasion de l'Exposition universelle de 1867*, por Mme. Marie Pape-Carpantier.—Deuxième éd., p. 9.

en la obra del maestro. Vedlos excitados por su propia espontánea iniciativa, por la conciencia de sí mismos, porque sienten ya que son algo, en el mundo, y que no es pecado tener individualidad y ser hombres. Hacedles medir, pesar, descomponer, crear y disipar la materia en el laboratorio; discutir como en Grecia los problemas fundamentales del ser y destino de las cosas; sondear el dolor en la clínica, la nebulosa en el espacio, la producción en el suelo de la tierra, la belleza y la historia en el Museo; que descifren el jeroglífico, que reduzcan a sus tipos los organismos naturales, que interpreten los textos, que inventen, que descubran, que adivinen nuevas formas doquiera... Y entonces, la cátedra es un taller, y el maestro, un guía en el trabajo; los discípulos, una familia; el vínculo exterior se convierte en ético e interno; la pequeña sociedad y la grande respiran un mismo ambiente; la vida circula por todas partes, y la enseñanza gana en fecundidad, en solidez, en atractivo, lo que pierde en pompa y en gallardas libreas.

Ahora, este sentido educador, para el cual la instrucción, la asimilación receptiva del saber heredado, no es más que un elemento subalterno de la cultura intelectual, y ésta sólo un factor de la cultura general del hombre, trae a su vez consigo —nunca se repetirá bastante— la necesidad de mantener en la enseñanza un carácter universal, enciclopédico. No cabe promover el desarrollo de la inteli-

gencia sin el de nuestras restantes facultades; como
no se tome por ese desarrollo el pálido incremento
de algunas funciones secundarias, condenadas a innumerables extravíos cuando se aislan con temeridad
y arraigan en arenal desierto: con que el alma del
hombre queda para siempre mutilada y contrahecha.
Si en todos los períodos de su vida el hombre ha de
ser hombre, sin declinar un punto de su naturaleza
ni de la integridad de sus relaciones cardinales,
¿qué pensar de esas *cramming schools* (1), donde,
so pretexto de amaestrarlo en una habilidad particular, se atrofian sus principales órganos, en detri-
mento de la salud de su espíritu? Cierto, que todos
sin excepción nos debemos, por corto que sea
nuestro alcance, al ejercicio de aquel fin social a
que nuestra vocación nos impele; mas el naturalista,
el industrial, el magistrado, por serlo, ¿dejan de ser
hombres? Y así, un sistema de educación que no
menosprecia torpemente la conciencia de su ministerio como sutil refinamiento delicado, mal puede
ya huir en nuestros días, cuando el principio de la
unidad orgánica del sér humano ha llegado a impo-
nerse a todas las inteligencias, no sólo de guardar,
mas de desenvolver esa unidad orgánica, a compás,
justamente, con la preparación peculiar para las
diversas profesiones.

(1) Así llaman los ingleses a la preparación apresurada, superficial y angustiosa de los alumnos para salir del paso en sus
exámenes, rellenándoles *(cramming)* la memoria, mecánicamente: *bourrage,* que llaman en Francia.

No será la escuela, de otra suerte, en sus distintos grados, reflejo de la sociedad de su tiempo y digno germen de la venidera; disponiendo al joven, merced a esa atención que le obliga a dirigir hacia todos los horizontes visibles e invisibles, para que, emancipado gradualmente de su tutela bienhechora, entre en plena posesión de sí mismo y entre también en el concierto del mundo el ánimo orientado y sereno, armado de todas armas y apto para llevar de frente las múltiples relaciones de una vida cada vez más compleja. Para quien halla en lo profundo de su espíritu esta necesidad imperiosa, no hay más triste espectáculo que el de esos jóvenes macilentos, consumidos por una vejez prematura, víctimas de un intelectualismo despótico, sin vitalidad, sin salud, sin alegría, apartados de la naturaleza, de la sociedad y aun de sí propios; plantas ahiladas, Estilitas profanos en perdurable penitencia ascética, prontos, por su misma debilidad e inexperiencia de las cosas, a quebrantarse a las primeras tentaciones del sentido.

Mas, ¿cómo ha de encontrar hoy este espíritu acceso en la educación profesional, cuando la misma secundaria, cuyo carácter sintético reconocen ya todos, apenas comienza a entreabrirse a su influjo? La mayor amplitud y variedad de sus programas, la introducción de la gimnasia y de otros ejercicios corporales vienen quebrantando el antiguo sistema académico, que entumecía al hom-

bre y lo sacrificaba a la retórica, dejándole de repen-
te, al salir de las aulas, a ciegas en el mundo y aper-
cibido para dominar sus conflictos interiores y los
graves problemas sociales con el formidable arsenal
de aquella docta jerga «de hipotiposis, sinécdoques
y metonimias» (1).

Pero si en el programa ese sistema se derrumba
de hora en hora, el espíritu vivo, actual, realista,
falta todavía en la segunda enseñanza: no es maravilla, pues, falte en aquellas otras, que un largo
hábito lleva a concebir como ceñidas exclusivamente para facilitar un determinado aprendizaje.

II

A difundir este sentido universal, educador e
íntimo, que no tiende a instruir, sino en cuanto la
instrucción puede cooperar a formar hombres, aspira con sincero esfuerzo la *Institución Libre*, de
cuyo pensamiento quisiera en esta hora ser fiel órgano.

Si es cierto (2) que, no obstante las encarniza-
das contiendas a que viene dando lugar en nuestro
tiempo la enseñanza, no ha cesado en ella de reinar
uniformidad absoluta, aun entre las direcciones más

(1)　Fouillée: *La réforme de l'enseignement philosophique et
moral (Revue des Deux Mondes*, 15 de mayo de 1880).
(2)　De Laprade: *L'éducation homicide.*—Lavisse: *La fondation
de l'Université de Berlin (Revue des Deux Mondes*, 15 de mayo
de 1876).

opuestas; y que doquiera las escuelas libres, ape-
llídense laicas, católicas, evangélicas o de otros
varios modos, suelen modelarse sobre las del Estado, nadie podrá desconocer que la *Institución* atiende a evitar esta censura. La situación de una escuela privada, en comparación con las oficiales, sobre todo en los pueblos latinos, le impone, con
efecto, ciertas obligaciones. Y digo «en los pueblos
latinos», porque éstos, en vez de emancipar gradualmente su enseñanza pública hasta constituirla
con plena independencia, sin cerrar por esto el camino a otros centros docentes, la han venido manteniendo en el mismo grado de tutela, con raras excepciones y lúcidos intervalos. Y es que la consideran como un servicio administrativo, a la manera
de la diplomacia, la policía o la recaudación de los
impuestos. Ahora, si en esos pueblos consumidos
por la división de la conciencia pública, cuando no
por la fiebre de las revoluciones, la enseñanza del
Estado se halla destituida de una tradición conservadora, análoga a la de las clásicas Universidades
inglesas, ofrece, sin embargo, merced a la inercia
de los mecanismos que la articulan a la Administración, ciertas resistencias al espíritu de reforma.
Aumenta esa resistencia la cortedad del instinto
centralizador, que se entristece y apura y mortifi-
ca si todos los maestros y corporaciones docentes,
como todas las instituciones, clases, órdenes, y, a
ser posible, hasta la familia y aun los individuos,

no piensan, hablan, viven y se mueven exactamente
por el mismo patrón. Mas aun sin esto, y sin la falta de iniciativa que de aquí proviene, la discordia
de los bandos políticos, tan enconada en estas razas, la inestabilidad de los gobiernos, las dificultades para hallar ocasión, calma, personal numeroso,
recursos, bastan quizá para explicar los obstáculos,
a veces saludables, pero a veces dañosos, con que
en esas escuelas tienen que luchar las ideas pro-
gresivas que inspiran a tantos de sus ilustres miembros.

A las privadas no es lícito invocar semejantes
excusas. La libre voluntad las engendra y mantiene, determina el horizonte de sus fines, sus medios
de lograrlos, sus tendencias, sus métodos; y si en
el engranaje de la vida social puede surgir algún
conflicto entre lo que estiman su deber y sus intereses momentáneos, nada disculpa su caída: como
que poseen, con su mayor libertad, una responsabilidad también mayor e inevitable.

Parte esencial de aquel deber, y no sé si la más
imperiosa por lo que concierne a los progresos de
la patria, es la aplicación de esta libertad a corregir, hasta donde sus fuerzas lo permitan, los males
que la experiencia ha revelado en la esfera social a
que su actividad corresponde. Miembros independ-
dientes, *sui juris*, de la comunidad nacional, ¿qué
menos pudiera ésta exigirles que una consagración
infatigable al ensayo de más seguros medios para

realizar una obra, comprometida y mal lograda allí donde era difícil abandonar los antiguos? Cooperan también de este modo, ajenas a toda emulación, al mismo noble fin de la enseñanza del Estado, el cual a su tiempo, advertido con el ejemplo de sus tentativas, aceptará para sus institutos docentes aquellas reformas acreditadas por el éxito. No de otra suerte el Gobierno belga, sin menoscabo de su dignidad, antes en riguroso servicio de sus fines, se dispone a declarar Escuela modelo para las públicas la que la Liga de enseñanza ha organizado en Bruselas (1); y sin pueril jactancia y con honor para todos, puede entre nosotros presentirse el día en que se adopte en nuestros varios centros el sistema de excursiones, inaugurado por la *Institución*, y recién establecido por fortuna para ciertas Facultades, al proseguir nuestro Gobierno su acertado propósito de restaurar pacientemente, una tras otra, las reformas decretadas por algunos de sus predecesores, y suspendidas por la hostilidad de los partidos (2).

Así, la *Institución*, orientándose primero —en

_____

(1) Declarada tal, en efecto, a consecuencia del Congreso internacional de enseñanza de 1880, e incorporada como escuela práctica a la Sección normal establecida en la capital, fué suprimida por el partido católico en 1884, adoptándola inmediatamente el Municipio de Bruselas, que actualmente la sostiene.

(2) El Real decreto del Sr. Lasala prescribiendo que se verifiquen excursiones en la Facultad de Ciencias ha venido a restablecer esta Facultad casi en los mismos términos en que la organizó el Gobierno de la República.

medio de los tanteos irremisibles de todo aprendizaje—en los progresos obtenidos por otras naciones
y enviando a sus profesores para estudiarlos de cerca; procurando después adaptarlos a nuestro genio
y circunstancias; completándolos, por último, con
el fruto de su experiencia propia, ha podido tal vez,
en medio de su poquedad y sus límites, iniciar algún nuevo camino, enteramente acorde, sin embargo, con el movimiento actual de la cultura pedagógica.

Ejemplo son de la solicitud con que procura
obedecer a ese movimiento la adopción de los métodos intuitivos en todos los grados, no ya de la
primera, sino de la segunda enseñanza; la introducción de la gimnasia, llamada a mejorar las condiciones de una raza empobrecida; del dibujo, que
tan maravillosamente despierta el espíritu de observación y el amor a la naturaleza y al arte; del canto, que inicia el sentido estético en la esfera más
propia y familiar al niño; de los ejercicios manuales,
que lo educan para el aprendizaje técnico y dan
rienda suelta a la tendencia plástica y creadora de la
fantasía; de las excursiones, ya antes mencionadas,
uno de sus más poderosos elementos; de las cajas
de ahorro, que habitúan al uso racional de los bienes.

Añadid todavía que sólo ella quizá ha completado el carácter enciclopédico de la primera y la segunda enseñanza con la literatura, la antropología,
la tecnología, la geología, las ciencias sociales, el

arte: cuando ahora mismo se reputa inmensa conquista haber logrado al fin que la ciencia económica, excluida de la enseñanza secundaria en casi todas partes, incluso en Inglaterra (1), se comprenda en los programas de los Liceos franceses, más afortunada que otros muchos estudios (2). Séame lícito recordar aquí el alto sentido con que uno de los más ilustres bienhechores de la Patria en nuestro tiempo, D. Fernando de Castro, dotó de un programa semejante a la *Escuela de Institutrices* de Madrid, debido a aquel amor profundo, generoso, incansable, por la educación nacional, y engrandecida de hora en hora con valeroso ánimo y bajo el mismo espíritu de su fundador por el más fiel y autorizado intérprete que hallar pudiera entre sus compañeros (3).

La radical transformación que perseguimos de la antigua disciplina escolar, represiva, aflictiva, destituida de acción correccional, infecunda; las fiestas escolares, que comenzamos a intentar con muy otro sentido del que suele reinar en esta clase de recreos; los viajes que durante las últimas vacaciones han hecho algunos de nuestros alumnos por el

(1) Prueba en Bélgica, cuyas escuelas primarias superiores, mandadas organizar por el Real Decreto de 25 de abril de 1895, comprenden ya la Economía.

(2) Discurso de Mr. Wilkins en el Congreso de la *British Association*, en Manchester, en 1879.—Cartuler, *L'économie politique introduite dans la philosophie des lycées et des collèges.* (*Journal des Économistes*, oct. de 1865.)

(3) D. Manuel Ruiz de Quevedo.

norte de España, y cuyos frutos juzgará en breve la opinión, son señales, en medio de otras muchas, de nuestro firme anhelo por responder a vuestra confianza.

Pero entre todas estas reformas, difícilmente habrá alguna de mayor trascendencia que la refundición de la primera y la segunda enseñanza.

Quizá en ningún otro pueblo era más apremiante esta novedad, porque en ningún otro creo sea tan extremado el divorcio y abismo entre ambos órdenes. Aun en Francia, de donde más directamente se tomó el régimen de los estudios españoles, el sistema de clases y secciones seguido en los liceos, a imitación de casi toda Europa, forma un grado intermedio entre la enseñanza solidaria y concreta del maestro único en la escuela elemental, y la de las lecciones de los profesores especiales en las facultades y demás esferas análogas.

Por el contrario, entre nosotros, tanto la organización de nuestros Institutos como los métodos que hasta cierto punto nacen de esa organización con fatalidad casi invencible, son exactamente los mismos de las Universidades. Profesores particulares para cada enseñanza, clases numerosísimas de la misma factura y duración, explicaciones, preguntas, libros de texto, apuntes, estudio individual del alumno fuera de las aulas..., todo es análogo, casi siempre idéntico, a lo que en la enseñanza superior acontece; sin que treinta años de experiencia, el estado de cultura en que el joven abandona las clases, y más todavía la levísima huella que dejan en su espíritu hayan logrado desterrar un procedimiento tanto más infecundo cuanto que se aplica a niños cuya escasísima preparación elemental acaba de declarar con honrada franqueza el Gobierno.

No debo entrar en pormenores sobre nuestra reforma; expuestos se hallan en otros documentos de la *Institución*. Recordad sólo que al sistema de incrementos graduales, general en Europa y superior al español, hemos substituido un sistema orgánico de diferenciación progresiva, en que todos los estudios comienzan simultáneamente, aunque sólo en sus primeros y más tenues lineamientos; se desenvuelven por entero en cada curso, cada vez con mayor complejidad, y terminan de la misma manera. Así concluye esta cuestión magna e insoluble de la «prelación de asignaturas»: insoluble, porque la ciencia no es una serie lineal, sino un organismo, todos cuyos miembros se implican y condicionan mutuamente (1). En cuanto a los métodos, ya sabéis

_____

(1) Sólo llevando de frente *todas* las enseñanzas de un orden dado, v. gr., de una profesión, cabe guardar las debidas relaciones entre ellas. Hasta la práctica más manual, necesita caminar al par con la teoría, siguiendo inmediatamente a cada paso de ésta, en vez de aguardar a poseerla toda para comenzar los ejercicios de aplicación. No hace mucho, se quejaba un profesor de estereotomia de la imposibilidad de razonar el corte de los materiales a alumnos que no conocían el modo de actuar las fuerzas, sólo en función de las cuales es posible determinar sus formas; ejemplo que confirma una vez más la necesidad del procedimiento concéntrico.

que son los de la primera enseñanza, a cuyo profesorado se hallan ambas indistintamente confiadas.

Es este problema del personal uno de los más graves de la educación. El maestro no representa un elemento importante de ese orden, sino el primero, por no decir el todo. Dadme el maestro, y os abandono la organización, el local, los medios materiales, cuantos factores, en suma. contribuyen a auxiliar su función. El se dará arte para suplir la insuficiencia o los vicios de cada uno de ellos.

Preguntábanse no ha mucho todos los hombres sinceros en Europa y América, si uno de esos maestros rurales, sencillos, dotados de un espíritu sano, formados principalmente en la práctica y en el seno de la naturaleza, de horizontes quizá un tanto estrechos, pero de aspiraciones personales limitadas, no serviría mejor para difundir la instrucción elemental en las clases populares, a las cuales por su condición y cultura pertenece, que cualquiera de esos jóvenes nacidos en los grandes centros, acostumbrados a la vida de los estudiantes y de las clases medias urbanas. engreídos con una erudición somerísima, que los pule, y no mucho, por fuera, dejándolos intactos por dentro; atormentados por el conflicto entre las necesidades que imprudentemente se crean y sus escasos medios para apaciguarlas; parando al cabo en avenirse mal con su modesto oficio y en aumentar la turba de gentes inquietas, ambiciosas, disgustadas de su condición e incapaces para levantarse sobre ella, que forman el lastre de todas las utopías y los corifeos de las masas en todas las revoluciones.

El movimiento contemporáneo en los más cultos pueblos, sobre todo en Inglaterra, en Bélgica, en los Estados Unidos, ha decidido, sin embargo, la contienda en favor de los últimos. ¿Cómo? Elevando la situación personal del maestro en términos a veces superiores a las más encumbradas categorías universitarias, no digo de España, sino de la República vecina. Pues todavía este paso es por demás insuficiente. Los defectos por lo común achacados doquiera—no ya entre nosotros—a los discípulos de las Escuelas Normales, no desaparecerán por sólo la mejora de su posición y su fortuna, sino con otra, harto más positiva, a saber: con la de aquella educación fundamental, capaz de dotarlos de una instrucción, no tan rica en pormenores subalternos como en la vigorosa solidez de sus principios y en la universalidad de sus direcciones, que no pueden excluir ningún orden del saber contemporáneo; y sobre esto—lo que más importa—, capaz de despertar en sus almas un sentido profundo, enérgicamente varonil, moral, delicado, piadoso; un amor a todas las grandes cosas, a la religión, a la naturaleza, al bien, al arte; una conciencia transparente de su fin, nutrida por una vocación arraigada; gustos nobles, dignidad de maneras, hábito del mundo, sencillez, sobriedad, tacto, y, en fin, ese espíritu educador que remueve, como la fe, los montes, y que lleva en sus senos, quizá cual ningún otro, el porvenir del individuo y de la patria.

Cuán graves alteraciones puedan traer consigo estos principios en la llamada «jerarquía académica», construída sobre bases enteramente distintas, se comprende sin dificultad, y no hay por qué exponerlas en esta *Institución*, donde no se halla establecida dicha jerarquía. En cuanto a la consiguiente reorganización y ampliación de las Escuelas Normales, marcará un gran progreso en nuestra patria; entretanto, desde hoy comenzamos a intentar lo poco que nos es dado hacer en pro de una reforma, cuya trascendencia solicita nuestro interés más profundo (1).

No es éste el último objetivo de nuestras aspiraciones. Cuando ya se han comenzado a recoger los frutos que conocéis en la instrucción primaria y

___

(1) Alude al Curso normal teórico-práctico, con aplicación a la primera y la segunda enseñanzas, que la *Institución* abrió en el mismo año académico, y que confió al profesor D. M. B. Cossío. Este curso quedó desierto por entonces; pero los resultados a que por su medio se aspiraba comienzan ahora a lograrse lentamente y por caminos más indirectos; v. gr., por la asistencia a las clases de la *Institución* de algunos aspirantes al magisterio y aun de maestros y profesores en ejercicio, si bien en corto número. Sin embargo, a las conferencias de la *Institución* durante la celebración del Congreso pedagógico en 1882, para exponer sus métodos, asistió gran número de profesores, y a las conferencias normales sobre la enseñanza de párvulos que durante el verano y otoño de 1885 se han dado en la *Institución* (y cuyos resultados pueden verse en el *Boletín* del propio año) han asistido ya de 15 a 20 señoras, entre profesoras y alumnas.

secundaria, no es posible renunciar al anhelo de
que llegue pronto el día en que pueda la *Institución*
llevar su espíritu por lo menos a algunas enseñanzas técnicas superiores y profesionales, evitando
de esta suerte que nuestros alumnos, para seguir
las varias direcciones a que su vocación les solicita, tengan que abandonar la educación familiar de
esta casa por otros métodos harto diferentes. Con-
siderad, señores, que sólo cuando se logren tales
fines podremos completar nuestra esfera de acción
y juzgar en su integridad un sistema hacia el cual
gravitan, a ojos vistas, en todo el mundo culto, con
mayor o menor decisión, los hombres pensadores
que dirigen los progresos de la pedagogía (1).

Ese sistema ya lo conocéis. La *Institución* no
pretende limitarse a instruir, sino cooperar a que se
formen hombres útiles al servicio de la humanidad
y de la patria. Para esto, no desdeña una sola ocasión de intimar con sus alumnos, cuya custodia jamás fía a manos mercenarias, aun para los más subalternos pormenores, contra el uso reinante en
toda Europa; novedad esta cuya importancia com-

---

(1) Los ensayos hasta ahora verificados en la *Institución*, a
causa de improbos esfuerzos, si han podido seguir por completo
el camino proyectado, ni ser, por tanto, concluyentes; pero aun
en medio de su deficiencia, bastan para confirmar resuelta y decididamente los principios sobre educación técnica e ingeniería
adoptados por ella y expuestos en su *Boletín*, números de 31 de
enero de 1883 y de 15 de noviembre de 1884. Véase también el
Prospecto para el curso de 1885-86, página 3, inserto asimismo en
el número de 30 de setiembre de 1885, página 227.

prendía bien el último Congreso de Bruselas, donde
al ser expuesta por uno de nuestros compañeros,
obtuvo la adhesión más entusiasta. Sólo de esta
suerte, dirigiendo el desenvolvimiento del alumno
en todas relaciones, puede con sinceridad aspirar-
se a una acción verdaderamente educadora en
aquellas esferas donde más apremia la necesidad de
de redimir nuestro espíritu: desde la génesis del carácter moral, tan flaco y enervado en una nación
indiferente a su ruina, hasta el cuidado del cuerpo,
comprometido, como tal vez en ningún pueblo culto
de Europa, por una indiferencia nauseabunda; el
desarrollo de la personalidad individual, nunca más
necesario que cuando ha llegado a su apogeo la
idolatría de la nivelación y de las grandes masas; la
severa obediencia a la ley, contra el imperio del ar-
bitrio, que tienta a cada hora entre nosotros la
soberbia de gobernantes y de gobernados; el sacrificio ante la vocación, sobre todo cálculo egoísta,
único medio de robustecer en el porvenir nuestros
enfermizos intereses sociales; el patriotismo since-
cero, leal, activo, que se avergüenza de perpetuar
con sus imprudentes lisonjas males cuyo remedio
parece inútil al servil egoísta; el amor al trabajo,
cuya ausencia hace de todo español un mendigo del
Estado o de la vía pública; el odio a la mentira,
uno de nuestros cánceres sociales, cuidadosamente
mantenido por una educación corruptora; en fin, el
espíritu de equidad y tolerancia, contra el frenesí

de exterminio que ciega entre nosotros a todos los partidos, confesiones y escuelas.

Quiera la Providencia bendecir nuestra obra, permitiéndonos cooperar a que se disminuya, por poco que ello sea, la oscura sombra que, pese a estadísticas complacientes, señala todavía el lugar de esta tierra de España, no sé si en el mapa de la instrucción escolar, mas sí en el de la prosperidad y la cultura. Aun los hombres egoístas, destituidos de ideal y que sólo pueden rendir a causas nobles el tributo del escarnio, no verán mal el día en que asegure el bienestar de esta sociedad una generación más culta, más severa, más digna, más honrada.

No desmayéis vosotros, que nos prestáis en esta obra de civilización, de paz y de trabajo el bienhechor concurso de vuestras simpatías. Nosotros, que tan de cerca y al pormenor venimos sintiendo de hora en hora todos los obstáculos con que limitan por necesidad nuestros esfuerzos el triste cortejo de las pasiones mundanas, la hostilidad de los unos, la incredulidad de los otros, el espíritu de partido, la calumnia, el desdén, el desagradecimiento, y los mayores y más graves de todos, la incultura general de la nación y nuestra propia sensible inexperiencia, lejos de conturbarnos un momento, los hemos hallado siempre, gracias a vosotros y a la confianza en nuestro fin, harto más livianos de lo que presumíamos cuando los calculábamos, como calcula el ingeniero el rozamiento perjudicial de sus máquinas. Antes, debemos a esas resistencias más de una lección y de un aplazamiento saludables. Recordad cómo doquiera es ley que sólo prevalezcan y arraiguen en las entrañas de la Humanidad aquellos principios por cuyo triunfo ha menester rendir en holocausto lo más puro y más noble de su vida; mientras, que, como dice nuestro Saavedra Fajardo, el vaso de vidrio, formado de un soplo, otro soplo lo rompe. Las obras lentas son las duraderas. ¡Ojalá esta nación lo comprenda algún día!

B.—*Discurso de 1881 82*.

I

SEÑORES: Cuando esperábais oír la voz reposada y severa del grave pensador, devuelto a la patria en hora de justicia y al ministerio de la educación nacional, voz que, aleccionada por el espectáculo de otros pueblos más cultos, hubiera dilatado ante nosotros el horizonte ideal de nuestros comunes esfuerzos, la falta de salud del Sr. Salmerón me obliga a inaugurar segunda vez el curso de la *Institución Libre de Enseñanza*. Por fortuna para todos, la índole de nuestra *Institución* hace que sólo concurran a estos actos aquellas personas sinceramente interesadas en su progreso y dispuestas a escuchar gustosas todo cuanto se refiere a su vida, sus fines y su estado.

Fortuna mayor es todavía que de año en año,

por no decir de hora en hora, sea éste más y más próspero. No ya en punto a los medios materiales que de todas partes le ofrece la iniciativa privada, —su único apoyo—, sino al desarrollo de sus fines, a lo que pudiera llamarse la condensación de su ideal, lentamente elaborado, como obra que es humana, desenvuelto, rectificado una y otra vez, progresiva y regresivamente cumplido.

¡Qué distancia, en efecto, hemos recorrido y en cuán pocos años!

Prescindiendo de aquellas de nuestras tareas que nos mantienen en constante comunicación con todas las clases de la sociedad, y concretándonos a la educación de nuestros alumnos, todos recuerdan de qué modo comenzamos. La segunda enseñanza y la de algunas facultades, organizadas una y otra, por lo menos en lo fundamental de su plan y de sus métodos, sobre el modelo del Estado, constituían a la sazón el objetivo de nuestras fuerzas. Las modificaciones y correcciones de ciertos pormenores no fueron parte a conseguir que los resultados excediesen de modo apreciable a aquellos con que una dolorosa experiencia ha hecho patente de largo tiempo entre nosotros la viciosa constitución de ambas esferas, que esteriliza los generosos esfuerzos de tantos ilustres profesores oficiales.

La falta de intimidad y de carácter educador, por tanto, en las relaciones del maestro y del alumno; la aridez y superficialidad de las mismas nocio-

nes intelectuales, borradas no bien aprendidas; la
comprensión de la personalidad al comienzo de su
desarrollo espontáneo; el olvido, cuando no el afren-
toso desdén, de las tendencias ideales en la enseñanza, reducida a un mecanismo inerte, y la frialdad, y el desamor, y aun aversión que de aquí nacen,
si cabe mitigarlos por la unánime cooperación de
unos cuantos maestros, jamás puede arrancarse de
cuajo, sino a virtud de una organización inspirada
en diverso propósito y correspondiente a muy otros
procedimientos (1).

Agréguese a esto la impotencia de cuantas me-
joras se intenten en la segunda enseñanza mientras falte a sus alumnos, no ya la base indispensable para recibirla, sino aquella educación primera,
propia de todo ciudadano, abandonada por la igno-

---

(1) Una notable y acabada expresión del antiguo sistema de
enseñanza, todavía reinante, por desgracia, se halla en el discurso inaugural que en la Universidad Central ha leído el día 1.º de
octubre el catedrático Sr. Arnau, para quien «el maestro de primeras letras dogmatiza (pág. 10) y cuida de estereotipar, por
decirlo así, en el alma del niño las ideas que le comunica» (página 12), y tanto en aquélla como en la secundaria, el alumno es
«incapaz de comprobar la verdad de los asertos» del maestro
(página 14); y hasta en la instrucción superior, única en que el
autor cree ser lícito al discípulo pensar ya por sí mismo, «conviene que proceda partiendo del supuesto de que sus investigaciones confirmarán lo que como verdadero aseguraron los que
le dirigen en sus tareas» (pág. 20). Sobre todo, las páginas 10 y
11 son por demás expresivas. La indiscutibilidad de las enseñanzas recibidas en la escuela primaria, donde «la actividad del
niño es puramente receptiva», se afirma de tal modo, que parece
mentira hayan, no sólo venido al mundo, sino muerto hace tantos
años Pestalozzi y Fröbel.

rancia o desidia de nuestros Gobiernos, prescrita
sólo teóricamente en el programa oficial de nuestras infortunadas escuelas y exigida por el honor
de la nación, ya que no todavía por el espíritu público, indiferente, adormecido, petrificado en secular herrumbre y más abierto al empuje de la fiebre
política, que lo corrompe y lo sacude a trechos de
la revolución al servilismo, que al suave impulso con
que el mundo le llama a colaborar en su obra de
emancipación, de libertad y de cultura.

Ahora bien; de la conciencia de estas limitacio-
nes nació nuestra escuela primaria. Establecida a
excitación de un benemérito patricio, honor de la
ciencia y del Estado (1), ha realizado de tal modo
sus fines, que, desde aquel día, puede bien señalar-
se en el espíritu, en las tendencias y en la práctica
de la *Institución* un nuevo e importantísimo progreso. Pues, fundada sobre principios completamente distintos de los usuales y reglamentarios entre nosotros, tanto en lo que se refiere a su programa como por lo que respecta al procedimiento y a
la intención pedagógica, más importante todavía, y
encomendada a dos alumnos de la *Institución* que,
al carecer de la preparación y práctica de los maestros titulados, se hallaban por lo mismo libres de los
hábitos tradicionales de toda profesión, superaron
sus frutos a las más optimistas esperanzas. El ca-

(1) D. Laureano Figuerola.

rácter enciclopédico del plan; la absoluta y radical
proscripción del libro de texto; el sentido antiaca-
démico, familiar y educador en la enseñanza; la
inauguración de las excursiones de los alumnos,
fueron quizá los principales elementos a que deben
atribuirse esos frutos hijos del espíritu de reforma
en la pedagogía que simboliza el nombre inmortal
de Fröbel.

Ahora bien: dada la homogeneidad del personal
docente en nuestras enseñanzas primaria y secundaria, y el general desencanto acerca de los resultados de esta última, fácil era prever que la convicción tocante a la analogía entre ambos órdenes y la
posibilidad de extender al segundo los principios
con tal éxito aplicados en el primero debía rápidamente ganar todos los ánimos. Por esto digo que, a
partir de la fundación de nuestra escuela, se abre
para la *Institución* un nuevo período. Los ensayos
y tanteos verifica dos desde entonces, a fin de realizar ese proceso de asimilación entre ambos órdenes, van ahora a consumarse, por fortuna, en el presente curso, mediante la supresión de los exámenes
anuales y la adopción definitiva de los procedimientos inaugurados en la escuela. Parte, y grande, toca
en esta reforma a los padres de familia que nos
prestan su confianza, cada vez más persuadidos,
merced a la experiencia ajena y propia, de la necesidad de encaminar la educación de sus hijos para
hacer de ellos hombres de razón y conciencia, dig-

nos, honrados, inteligentes, laboriosos, firmes y varoniles, útiles a los demás y a sí mismos; que no bachilleres precoces, superficiales, retóricos, extraños a la realidad de la vida; individualidades sin personalidad, sin hábitos formales de trabajo, incapaces de valerse por sí, ni menos de cooperar a la redención de su patria.

Sin duda, señores, falta aún harto más tiempo del que a primera vista pudiera parecer necesario para realizar cumplidamente este ideal. Pugna con hábitos tan consustanciales ya en nuestra naturaleza, que el mismo maestro, formado al calor de otros principios, ha menester corregirlos cada día en sí propio, merced a una lucha incesante. Así es que, sólo tras de largos e improbos esfuerzos, y con el empuje, sobre todo, de la nueva generación que ya comienza a reemplazarnos en la enseñanza, llegará nuestra práctica a corresponder con nuestras aspiraciones, frente a las cuales los resultados han de aparecer todavía desanimadores para los espíritus impacientes. La confianza que la *Institución* inspira, y que tan grave responsabilidad nos impone, se debe, pues, más que a la obra hasta ahora realizada, al camino emprendido, o, de otra suerte, a la evidente superioridad de la pedagogía moderna.

Por otra parte, el éxito de toda humana empresa, para el cual colaboran tantas fuerzas anónimas, cuya infinidad no es dado a nuestra limitación prever, corresponde al organismo entero de estas fuer-

zas, una de las cuales, no más, es el hombre; y en
definitiva, al Supremo Principio de las cosas. Al sujeto sólo toca prestar reflexiva atención a sus fines,
abrazarlos con resolución y pureza, consagrarse a
cumplirlos concienzudamente, poner su parte, en
suma, y fiar a Dios el logro de su obra. Esta despro-
porción inconmensurable entre las fuerzas del agen-
te y la magnitud del resultado—divino misterio de
la actividad para nuestro reducido horizonte visible—¡cuánto mayor no ha de ser a la hora presente
y en la obra actual de esta casa, dada la pequeñez
de nuestros medios!

Uno de estos medios, y de los principales, sin
duda, va a recibir muy pronto considerable desarrollo, merced a la cooperación de gran número de
personas, ganosas de acelerar los fines útiles que la
Institución Libre persigue. Todos pensáis en el
nuevo edificio proyectado. Sin duda no es el local
de la escuela el primer elemento pedagógico, sino
el maestro; pero cuando se tiene ocasión de contemplar a los pobres niños de importantísimas co-
marcas expuestos a la intemperie en el portal de las
iglesias—místico recuerdo de otros tiempos—o ha-
cinados en sucias buhardillas, allí quizá donde la
vanidad de algún advenedizo levanta soberbios al-
cázares o fastuosos mausoleos; cuando se visitan
las cátedras de nuestros Institutos y Universidades
(sin exceptuar las más preeminentes), desprovistas
de todos cuantos elementos la higiene y la pedago-

gía reclaman en punto a luz, ventilación, dimensiones, aseo, temperatura, silencio, comodidad, atractivo; cuando se logra penetrar en tantos colegios de internos, religiosos o laicos, a los cuales no temen las familias fiar el ministerio de la educación de sus hijos, lícito es agradecer como verdadero favor y signo de los tiempos el nuevo medio que la Providencia pone a nuestro alcance y con que nos empeña más y más en la prosecución de nuestra obra. Impónenos también a la par el estrecho deber de velar por que el sacrificio no se haga en parte estéril, como acontece en tantas ocasiones, donde las pésimas circunstancias de edificios recién construídos, o el prurito de una decoración ostentosa, mueven a deplorar el mal aconsejado celo con que se procede a reemplazar los antiguos locales, sin clara idea de las faltas ni de los remedios, y a costa de esfuerzos desproporcionados

Día vendrá, señores, en que la sociedad toda se preocupe entre nosotros de este gravísimo problema de la educación nacional. Entonces, la opinión, justamente indignada, no tolerará por más tiempo que el pobre jornalero, cuya condición es ya tan precaria como necesitada de apremiante reforma, tenga que socorrer, sin embargo, con su limosna miserable al maestro rural, más pobre y miserable todavía, y del cual hoy apenas puede exigirse ni aun la oscura labor que desempeña. Entonces también comprenderá aterrada los abismos a que conduce el

sistema terapéutico de una sociedad que a todas
partes intenta acudir con nuevas leyes y organiza-
ciones, con armas, cadenas y cadalsos: superficiales tópicos que comprimen los síntomas, agravan la
dolencia, exacerban sus causas, y darían en tierra
con toda esperanza de mejora, sino llevasen en sus
entrañas los pueblos una fuerza natural y divina, la
vir medicatrix, que triunfe al par, aunque a precio
de sangre, de la enfermedad, del remedio y del médico. No será, en verdad, por ese procedimiento
empírico, análogo a los suplicios que para sus ré-
probos soñara la fantasía del mundo clásico, y que
pretende cosechar el fruto sin detenerse a enterrar
la semilla, por el que llegará a constituir la nación
española un órgano vivo de la humanidad civilizada,
en vez de ser como hoy rama inerte, que si no está
del todo seca, es a favor de la savia con que otros
pueblos la reaniman por el carácter universal y solidario que hoy tiene la cultura.

Muy otro es el camino. Al pretender la *Institución Libre* cooperar, en el límite de sus fuerzas, por
mantener en el desarrollo y educación de sus hijos
la integridad de su ser, sin borrar de su espíritu la
devoción a las grandes ideas, luminares mayores de
la vida, ni el sentido de las múltiples relaciones
individuales en que se manifiestan a cada hora; al
infundir en sus ánimos el generoso amor a todo
bien, el culto del trabajo, el refinamiento sin moli-
cie, la virilidad sin aspereza, procurando que se

despierte en ellos el concierto de la contemplación y la acción, de la teoría y la práctica (como suele decirse), en vez de esa dualidad hasta hoy reinante, que supo herir el autor del *Quijote* y de que han dejado testimonio en la historia las dos grandes repúblicas de la Grecia antigua, cree seguir este mejor camino y preparar suelo más firme para levantar la ciudad ideal del porvenir, sólo capaz de alzarse en tierra emancipada de la más brutal servidumbre, que es la del espíritu. Único sostén, que no la fuerza, es ésta de todas las restantes, impotentes y despreciables sin su ayuda; mas con ella, invencibles.

ARISTÓTELES
Y LOS EJERCICIOS CORPORALES

En la *Política*, libro I, capítulo II, consagrado, como todos saben, a exponer su célebre teoría de la esclavitud, dice Aristóteles (1):

«La naturaleza... hace los cuerpos de los hombres libres diferentes de los de los esclavos, dando a éstos el vigor necesario para las obras penosas de la sociedad, y haciendo, por el contrario, a los primeros incapaces de doblar su erguido cuerpo para dedicarse a trabajos duros, y destinándolos solamente a las funciones de la vida civil, repartida para ellos entre las ocupaciones de la guerra y las de la paz.»

¿Qué quiere decir este pasaje? ¿Es que, llevado de su concepción sobre la inferioridad del cuerpo respecto del alma, y del consiguiente predominio de ésta en los hombres libres, de aquél en el esclavo,

(1) Pág. 25 de la trad. esp. del Sr. Azcárate (D. Patricio), § 14 de la franc. de M. Barthélemy Saint-Hilaire; pág. 16, t. I, de la ed. de la «Biblioteca económica». Las citas, entiéndanse de la primera.

se representa Aristóteles a los primeros como seres punto menos que afeminados y que desatienden la vida física para vivir tan sólo intelectualmente, consagrados «a la política o a la filosofía», únicas ocupaciones propias, en su sentir, del ciudadano durante la paz, según añade al final de este mismo capítulo? ¿Participaría quizá Aristóteles del común menosprecio de los literatos y científicos de nuestros días hacia los ejercicios corporales, hasta pensar en constituir esa especie de casta brahmánica que M. Renan quisiera ver organizada para el cultivo del mundo ideal a expensas de otras profesiones?

Sin duda hay en Aristóteles incuestionable preferencia por el elemento espiritual: «No se debe educar al cuerpo, dice, sino para servir al alma» (1). Pero que un griego desdeñase las energías corporales y llegase a creer su cultivo nada menos que cosa de esclavos, sería ya de por sí inconcebible. Ni los juegos olímpicos, ni la guerra (ya acaba de decirlo respecto de esta última), son cosa en verdad de siervos. Así, toda interpretación de Aristóteles que le atribuya la intención de distinguir entre el ciudadano y el esclavo, como entre el hombre, por decirlo así, del espíritu, y el hombre del cuerpo es inadmisible. Ni ¿cómo compaginar entonces la concepción helénica, según la cual, el desarrollo de la

---

(1) *Pol.*, lib. IV, c. XIV, fin, *y passim*.

fuerza física forma parte esencial de la educación del ciudadano, con las palabras transcritas anteriormente?

Entre otros pasajes del mismo libro, bastan para nuestro fin los siguientes:

«No hay necesidad de que el temperamento sea atlético, ni para las faenas políticas, ni para la salud... ni valetudinario e incapaz de rudos trabajos, sino... que ocupe un término medio entre estos extremos. El cuerpo debe agitarse por medio de la fatiga, pero de modo que ésta no sea demasiado violenta... y debe soportar todos los trabajos dignos de un hombre libre.» (Lib. IV, cap. XIV, p. 159.)

«Es útil habituar (a los niños), desde la más tierna infancia, a las impresiones del frío, costumbre que no es menos útil para la salud que para los trabajos de la guerra... Hasta los cinco años no se les puede exigir... ciertas fatigas violentas, que impedirían el crecimiento... pero sí la actividad necesaria para evitar una pereza total del cuerpo... Se les debe excitar al movimiento... sobre todo a los juegos, los cuales no deben ser indignos de hombres libres, ni demasiado penosos, ni demasiado fáciles... ensayos de los ejercicios a que habrán de dedicarse en edad más avanzada.» (Id., cap. XV, págs. 161 y 162.)

«Se llaman ocupaciones propias de artesanos (serviles) todas aquellas... completamente inútiles para preparar el cuerpo, el alma o el espíritu de un

hombre libre para los actos y la práctica de la virtud... a todos los oficios que pueden desfigurar el
cuerpo.»

«La educación se compone ordinariamente de
cuatro partes distintas: las letras, la gimnástica, la
música, y, a veces, el dibujo...; la segunda, como
propia para formar el valor... El juego (1) es principalmente útil en medio del trabajo. El hombre que
trabaja tiene necesidad de descanso, y el juego no
tiene otro objeto que procurarlo... El movimiento
que proporciona afloja el espíritu y le procura descanso mediante el placer que causa... como la gimnástica, que da salud y vigor.» (Lib. V, cap. II, páginas 166-168.)

«Se debe pensar en formar... el cuerpo antes
que el espíritu..., someter a los jóvenes al arte de
la *paidotribia* y a la gimnástica (2); aquélla para
procurar al cuerpo una buena constitución; ésta,
para que adquiera soltura... Se intenta las más
veces hacer de ellos (los jóvenes) atletas, lo cual
perjudica tanto a la gracia como al crecimiento del
cuerpo. Los espartanos..., a fuerza de endurecer a
los jóvenes, los hacen feroces, con el pretexto de
hacerlos valientes. Pero... el valor no es patrimo-

---

(1) Entiéndase siempre *corporal*.

(2) La primera tenía por fin fortalecer el cuerpo, atendiendo
a la salud, y la segunda, los ejercicios fuertes, necesarios para
tirar las armas, embridar un caballo, batirse y adquirir otros
hábitos guerreros.—(Ginés de Sepúlveda, citado por el Sr. Azcárate.)

nio de los más salvajes, sino... de los que reunen la dulzura y la magnanimidad del león. Algunas tribus... tienen por costumbre el asesinato, y son antropófagos; otras..., hábitos todavía más horribles, y, sin embargo, no son más que bandoleros y no tienen verdadero valor... Los mismos lacedemonios, que debieron su superioridad a sus hábitos de ejercicio y fatiga..., hoy son sobrepujados por muchos pueblos en la gimnástica y hasta en el combate, y es que su superioridad descansaba no tanto en la educación de su juventud como en la ignorancia de sus adversarios en gimnástica. Es preciso... un valor generoso y no la ferocidad. Desafiar noblemente el peligro no es cualidad... de una bestia salvaje; es exclusivamente propio del hombre valiente.»

«Hasta la adolescencia, los ejercicios deben ser ligeros, y se evitarán los trabajos demasiado duros, no sea que vayan a detener el crecimiento del cuerpo. El peligro de estas fatigas prematuras se prueba con un notable testimonio: apenas se encuentran en los fastos de Olimpia dos o tres vencedores de los premiados cuando eran niños que hayan conseguido el premio más tarde en la edad madura; los ejercicios violentos de la primera edad les habían privado de todo su vigor...» (1). (Id., cap. III, páginas 169-171.)

---

(1) Ley que se aplica a toda clase de precocidad: los Mozart son raros y suelen vivir poco.

Aparte del sentido de moderación y justo medio característico de Aristóteles y aun del griego en general, ¿qué se desprende de estos diversos pasajes?

Ante todo, que la educación corporal es tan importante para el ciudadano como cualquiera otra rama de educación; después, que el fin a que se dirige respecto de aquél es completamente distinto de lo que se pide al esclavo.

En efecto; la utilidad corporal de éste, como instrumento, es análoga a la del animal (lib. I, capítulo II), con el cual tantas veces lo compara. Es decir, está en razón directa de su fuerza bruta muscular o motriz, ya que se halla destinada a realizar todos aquellos trabajos penosos, puramente materiales (¿los hay?), impropios de la condición del ciudadano.

Las cualidades, por el contrario, que aquella educación debe procurar al cuerpo de éste tienen un carácter totalmente diverso. La belleza, la salud, la agilidad, la destreza, por una parte; el valor guerrero, la resistencia a la fatiga, al dolor, a la lucha, por otra; es decir, cualidades todas que llamaríamos de un orden ideal, principalmente psico-fisiológicas, e imposibles en todo caso de medir por kilográmetros. Así, el cuerpo del esclavo, hecho para prestar el mayor servicio posible en las ocupaciones rudas y fuertes, conviene que posea también el mayor poder muscular posible; el del hombre libre, aunque, en caso necesario, sus maestros del gimnasio deben ser capaces de desarrollar en él todo el vigor de un atleta (lib. VI, cap. I, pág. 183), se ha de dirigir hacia otros objetos: en general, a dotarlo de aquellas cualidades con que pueda servir mejor a los fines superiores del espíritu y de la vida social.

La primacía de estos fines es incuestionable en Aristóteles. A excepción de la belleza y la salud, ninguna de las demás cualidades que pide a la educación corporal valen para él por el cuerpo mismo, sino como medio para aquellos otros intereses a que, en vez de estorbar, darán de esta suerte más fiel cumplimiento. Y aun aquellas dos mismas cualidades, que logran en sí valor real e independiente, no es por este valor por lo que le importan, sino por lo que contribuyen a dichos fines: la salud, manteniendo el equilibrio normal de las fuerzas y poniéndolas así a disposición del espíritu; la belleza, para el recreo y goce noble de éste.

Semejante concepción es, además, característica del pueblo griego, que, a pesar de su sentido armónico de la vida, nunca negó esa primacía de los fines espirituales, considerando siempre al cuerpo como instrumento para su servicio (1). Salvo dicha

_____

(1) Esta preferencia es un carácter propio del pueblo griego, como de toda civilización de que forma parte. En este punto, la antítesis que suele establecerse entre la concepción helénica y la medioeval, entre el llamado «naturalismo pagano» y el «espiritualismo cristiano», es, sin duda, inexacta. El mundo clásico

preocupación (tan disculpable cuanto que aun no ha salido la Humanidad de ella, y que se explica por principios históricos, imposibles de discutir ahora), puede advertirse que esta manera psico-fisiológica de considerar el filósofo estagirita, como, en general, la nación helénica, el valor de los juegos corporales, está bastante acorde con la del único pueblo moderno de Europa que tiene a honor haber hecho de estos juegos asunto grave de la educación y de la vida y una verdadera institución nacional. Ya se comprende que este pueblo es Inglaterra, cuyo ejemplo va trasformando en esta parte la educación en Alemania, Francia y otros pueblos. Su sen-

---

todo (no sólo el griego) y el de la Edad Media forman los términos de una misma serie: la espiritualista, todavía en evolución, a pesar de las declamaciones y crudezas del materialismo contemporáneo. ¿Qué otra cosa sino espiritualismo es su concepción de la conciencia y de todo proceso psíquico (o sea, en su lenguaje, de los centros nerviosos) como el momento capital y superior de la vida, para el que todo lo demás es mera preparación tan sólo? No así Nietzsche.

La antítesis entre el *espiritualismo* griego y el de la Edad Media es, sin embargo, real en otro sentido. Ambos, griego y cristiano, consideraban al cuerpo como inferior al espíritu; pero el griego veía en él al amigo, al servidor, al órgano fiel de éste, y lo amaba y cultivaba como tal, aunque en vista de estos fines; para el hombre de la Edad Media, por el contrario, el cuerpo era en general, un enemigo, un impedimento, una cárcel, y, hasta donde era posible, lo abandonaba, despreciaba y aun aborrecía; de lo cual hartos y bien nauseabundos restos quedan en la higiene (?) de nuestro mismo pueblo, sin excluir a nuestras clases más acomodadas (en parte también por distinguirse de los musulmanes y de sus abluciones). Así, para los unos, el aseo, el cuidado y desarrollo de la energía, salud y belleza corporales eran una virtud; para el místico asceta, precisamente lo contrario.

tido se advierte, por ejemplo, en el libro que a dichos ejercicios y a su importancia en la educación ha consagrado últimamente Mr. Warre (1), distinguiéndolos de los trabajos del atleta de profesión, de los cuales para nada tiene que ocuparse.

Por el contrario, el modo usual de entender la gimnasia en el continente—no ya Alemania, ni Francia, sino aun la misma Suecia—es muy inferior a la idea británica del juego. Sin duda, los ejercicios gimnásticos (aun los que se hacen sin aparatos, como deben hacerse hasta la pubertad, salvo en casos especiales y principalmente patológicos) educan también al espíritu, v. gr., en la atención, la paciencia, el dominio de nosotros mismos, etc., sobre todo cuando se dirigen con esta intención, poco frecuente, por desgracia, entre los gimnastas. Pero su carácter abstracto y rigorista jamás puede interesar al niño—o aun al hombre—tan profunda y armoniosamente, ni excitar las fuerzas libres, la actividad creadora y dramática de la vida, y el consiguiente goce estético de la sensación y de la fantasía, en el grado en que lo logra el juego corporal; en particular, si se pone en él la misma intensidad, seriedad y arte que en otra esfera análoga de la imaginación pone, por ejemplo,

(1) Athletics, Londres, 1891. El Rev. Mr. Warre es nada menos que el director (Head-Master) de la célebre escuela de Eton, a cuya jefatura acaba de ser llamada, entre otras razones, por su grande autoridad en esta clase de ejercicios.

el jugador de ajedrez (1). Además, el ejercicio
gimnástico suele ser el mismo, poco más o menos,
para todo un grupo de educandos; no admitiendo
tanta flexibilidad para adaptarse a la medida enteramente individual de cada uno de ellos (por ejem
plo, levantar un peso dado, saltar una distancia de-
terminada, etc.), mientras que en el juego, cada
cual puede proporcionar su participación a sus fuerzas con sólo una condición: que ponga en ello el interés y la energía debidos. Sin esto, el ejercicio
gimnástico, por lo mismo que es rígido e impuesto,
consigue con más seguridad el fin mecánico del
desarrollo muscular. Es decir, que el juego no puede alcanzar toda su incomparable eficacia sino en
caracteres varoniles, capaces de gobernarse por sí
propios: es verdaderamente cosa para hombres
libres.

En nuestro país, los adultos, sobre todo de las
clases acomodadas, no juegan; los niños, poco menos, y unos y otros, mal. El excelente juego de pe-

---

(1) Sobre el valor del juego, véanse las consideraciones del
Sr. Coelho, en sus «Elementos tradicionales de la educación» (Boletín de la Institución Libre de Enseñanza, números 183 y 187), así
como el artículo que cita de M. F. Pécaut (Revue Pédagogique,
del 15 de noviembre de 1882), cuyas observaciones, como las
de M. Guillaume (Revue de Belgique, del 15 de abril de 1883), son
más aplicables todavía a nuestro estado que al de sus respectivos países. También debe recomendarse al estudio del Sr. Al-
cántara García: «Las teorías modernas acerca de la educación
física de los niños», en el número de la Revista de España del 25
de noviembre último, y el tomo V (De la educación física) de su
Teoría y práctica de la educación, 1885.

lista de los vasco-navarros, propio de ambas ver-
tientes del Pirineo occidental, y de algunos pueblos
de Castilla —aunque sin ese desarrollo—, es el que
tiene aún, por fortuna, más vitalidad de todos nuestros juegos corporales, tal vez a causa de la tena-
cidad conservadora de la raza. Aun así, hay quien
piensa que va decayendo lentamente, cosa que, por
otra parte, nada tendría de extraño, porque cuando
un juego deja de ocupar a todas las clases de la nación y queda confiado a las menos cultas tan sólo y
a los profesionales, bien puede asegurse que agoni-
za. Por esta razón, quizá, donde más en vigor se
conserva es en Navarra, cuyas distintas clases con-
tinúan interesándose y mezclándose en él.

Aunque las formas de *sport* con que una parte
de nuestra sociedad elegante pretende hoy sustituir
estos y otros ejercicios sean por lo común tan superficiales y algunas tan contraproducentes para el
desarrollo del vigor varonil y de la cultura nacional,
debe aplaudirse al menos este movimiento: más vale
poco y malo que nada (1).

1885.

(1) Lo peor del caso es cuando, con la mejor intención, pero
cediendo tal vez a preocupaciones políticas y sociales, se cen-
suran y aun ridiculizan precisamente (como hizo no ha mucho un
crítico).

LA ENSEÑANZA CONFESIONAL
Y LA ESCUELA

I

Entre las varias consideraciones con que se defiende la enseñanza confesional—esto es, de las religiones positivas—en la escuela primaria, hay una de que conviene tomar nota para rectificarla. Sus partidarios alegan que, sin espíritu religioso, sin levantar el alma del niño al presentimiento siquiera de un orden universal de las cosas, de un supremo ideal de la vida, de un primer principio y nexo fundamental de los seres, la educación está incompleta, seca, desvirtuada, y en vano pretenderá desenvolver íntegramente todas las facultades del niño e iniciarlo en todas las esferas de la realidad y del pensamiento.

Esto, a nuestro ver, es indiscutible. Años ha que un insigne filósofo español, tenido, sin embargo, por impío (como todo filósofo *seglar* en su tiempo), Sanz del Río, lo proclamaba en un memorable discurso, cuyas páginas dan el más admirable testimonio de la concertada alianza entre la Religión y la Ciencia.

Lo que falta probar es que la elevación de las almas por cima del horizonte visible, la formación del sentido religioso en el niño, requiere el auxilio de los dogmas particulares de una teología histórica, por sabia y respetable que sea, en vez de una dirección amplia y verdaderamente universal, atenta sólo a despertar en aquél esa *quaedam perennis religio*, ese elemento común que hay en el fondo de todas las confesiones positivas, como, en otro orden, lo hay en el de todos los sistemas filósofos y en el de todos los partidos políticos, por divergentes y aun hostiles que entre sí parezcan. El mismo ateo—es decir, el ateo *que piensa* y se quiere llamar tal, no el ateo *práctico,* instintivo y conservador, que diríamos, y al cual se le importa un ardite de todos estos problemas, aparentando a veces por conveniencia creer lo mismo que desprecia en sus adentros—entra a su modo en esa comunión universal, mejor quizá que muchos pseudo-religiosos, pues ya dijo una autoridad inspirada: «¡Cuántos están en la Iglesia visible sin estar en la Iglesia invisible, y al contrario!»

Precisamente, si hay una educación religiosa que deba darse en la escuela, es esa de la tolerancia positiva, no escéptica e indiferente, de la simpatía hacia todos los cultos y creencias, considerados cual formas, ya rudimentarias, ya superiores y aun sublimes, como el cristianismo, pero encaminadas todas a satisfacer sin duda en muy diverso grado —en el que a cada cual de ellas es posible—, según su cultura y demás condiciones, una tendencia inmortal del espíritu humano.

Sobre esa base fundamental, unitaria y común, la más firme para toda edificación subsiguiente, sobre ese respeto y esa simpatía, venga luego a su hora, para los fieles de cada confesión, la enseñanza y la práctica de su culto, confiadas a la dirección de la familia y del sacerdote, y consagradas en el hogar y el templo, donde podrán caber ya diferencias que en la escuela son prematuras, sin otro fundamento que influjos subjetivos y sirven de frecuente estímulo para odiosas pasiones.

Aun entonces allí esa enseñanza debe realizar, entre otras, dos condiciones esenciales: la primera, inspirarse, en medio de su particularidad, de un espíritu de reverencia y tolerancia; y la segunda, procurar a toda costa hacerse accesible al educando, en vez de limitarse a que repita fórmulas abstractas, dogmas enigmáticos para él y oraciones ininteligibles cuyo mecanismo, impotente para despertar en su alma el sentido de las cosas divinas, ni el de las humanas, ni ninguno, le deja, en realidad, huérfano de toda verdadera educación religiosa.

Por lo dicho se comprende, sin gran dificultad, que, no sólo debe excluirse la enseñanza confesional o dogmática de las escuelas del Estado, sino aun de las privadas, con una diferencia muy natural, a saber: que de aquéllas ha de alejarla la ley; de éstas, el buen sentido de sus fundadores y maestros. Así es que la práctica usual en muchas naciones de Europa, y en general, donde existe una religión oficial, incluso entre nosotros, de establecer escuelas particulares para los niños de los cultos disidentes, católico, protestante, hebreo, etc., ha producido y producirá siempre los más desastrosos resultados, dividiendo a los niños, que luego han de ser hombres, en castas, incomunicadas ya desde la cuna.

La escuela privada o pública debe ser, no ya campo neutral, sino maestra universal de paz, de mutuo respeto, más aún, de amor, y despertar doquiera este espíritu humano desde los primeros albores de la vida. «Cuando se habla de Dios se puede hacer con elevación, sin herir la conciencia de nadie; la atmósfera de la escuela es religiosa para todos cuando está impregnada de buen sentido y de honradez», ha dicho uno de los fundadores de la admirable Escuela Modelo de Bruselas (1).

Por esto también debe censurarse la manera como en ciertos pueblos, señaladamente en Bélgica y en Francia, han planteado la cuestión muchos defensores de la neutralidad confesional de la escuela, es decir, en nombre del llamado «libre examen»,

_____

(1) Discurso de M. Temples en la inauguración de la Escuela Modelo, el 17 de octubre de 1875.

racionalista y en abierta hostilidad a una religión positiva, o a todas. Así es como la denominación de *enseñanza laica* ha venido a ser en muchas ocasiones bandera agresiva de un partido, muy respetable sin duda, pero que en vez de servir a la libertad, a la tolerancia, a la paz de las conciencias y de las sociedades, sirve en esos casos para todo lo contrario.

Recuérdense los discursos de Paul Bert o de Spuller, o del mismo M. Ferry (hoy (1) por señas en camino de mayor templanza), cuando la célebre cuestión de las congregaciones. Su espíritu, que informa, por desgracia, todavía a una masa importantísima de los partidos liberales, corresponde a uno de los más graves vicios de la concepción reinante en nuestro tiempo. El movimiento emancipador que desde el siglo XVI, sobre todo, ha venido secularizando, por decirlo así, y consagrando la independencia del Estado, de la moral, de la ciencia, de la industria, de todos los órdenes humanos, ha excedido su fin en la historia y declinado en un como ateísmo, que sólo quiere oír hablar de la vida presente y de los intereses terrenos.

Conforme a este sentido, mucha parte de los defensores de la llamada «enseñanza laica» no lo son por razones jurídicas, ni por las exigencias de

(1) Téngase presente la fecha de este artículo: la separación de la Iglesia y el Estado ha colocado la cuestión en otros términos.

una educación verdaderamente racional, sino por
combatir el influjo del clero católico o protestante,
griego, etc., y fundar una supuesta educación «an-
ticlerical, racionalista y republicana, etc.» Olvidando que el mismo derecho que tiene la nación a que
no se perturbe con preocupaciones e intolerancias
la conciencia del niño, lo puede invocar exactamente lo mismo frente a frente del fanatismo anti-
católico que del ultramontanismo o de la *high
church*, o del Sínodo ruso; contra los partidos políticos, como contra los religiosos. Unos y otros
ponen en peligro, profanan, más bien, la escuela y
convierten la educación en obra exclusiva militante
y sectaria.

II

La prohibición inmediata de la enseñanza dogmática o confesional en un pueblo como España,
profundamente apegado a la rutina (como todo pueblo revolucionario), merced a nuestro atraso, ¿sería
conforme a la ley de evolución y progreso, que pide
una preparación adecuada para toda reforma, o más
propiamente hablando, que toda reforma se realice
sólida y, por tanto, gradualmente?

Discutido lo que pudiéramos llamar el fin, se
debe ahora discutir los medios para realizarlo. Esto
vale tanto como preguntarse: supuesto el estado
actual del espíritu y sociedad españoles, en lo
que toca al problema que nos ocupa, ¿por dónde

debe comenzarse a plantear la trasformación antedicha?

A nuestro entender, la transición está indicada por la naturaleza misma de las cosas. Si en Francia la nueva ley de Instrucción primaria ha suscitado tan graves inconvenientes; si la supresión, por ejemplo, a un tiempo infantil e ingenua, de los signos y emblemas religiosos ha determinado tal hostilidad y sucesos tan graves, ¿qué pasaría en un país como el nuestro? Pero, sean cualesquiera los temperamentos que impongan a los Gobiernos el justo respeto a la opinión, la prudencia y hasta el mismo propósito de llegar a la escuela neutral por el camino más seguro, hay una condición que cumplir absolutamente indispensable y que no puede ser más urgente.

En otros términos: ese respeto a la opinión de las mayorías no puede preponderar sobre el que se debe a la conciencia del maestro y del padre. Consagrar la integridad moral de ambos es la primera necesidad y la más imperiosa, aun dentro de la Constitución vigente, que no peca, en verdad, de gran obediencia a estos principios.

Porque exigir que las familias se resignen a que sus hijos aprendan en la escuela el catecismo y la historia sobrenatural de una religión diferente de la que profesan, o que el maestro les enseñe como artículos de fe otros muy distintos de los que él cree, es tiranía brutal e insoportable. Y alegar contra esto que el maestro puede dedicarse a otro oficio o a la enseñanza privada, en la cual ha de buscar el padre satisfacción a su conciencia religiosa, equivale a añadir a la injusticia el sarcasmo; porque ni la Constitución excluye del profesorado, en ninguna de sus categorías (1), a los disidentes de la religión oficial, ni les veda siquiera enseñar doctrinas distintas y aun incompatibles con ella (especialmente desde la memorable circular del Sr. Albareda); y no deja de ser una necia y afrentosa burla el consejo de que el padre disidente vecino de una aldea, por ejemplo, acuda a las escuelas privadas, sea de su comunión, sea neutrales, que en la localidad halle a mano (2).

Estas escuelas se establecen, no doquiera que su necesidad *existe*, sino doquiera que *es sentida* por un número de familias suficientes para hacer posible su instalación y subsistencia. Una escuela o una capilla católicas en Inglaterra, o protestantes en España, para no citar otros casos, mal pueden establecerse sin bastantes feligreses o alumnos para atender a su mantenimiento. Y no obstante, un solo maestro o una sola familia, violentados en su fe re-

---

(1) No meramente en la enseñanza secundaria y superior, donde lo ha conquistado, no violenta y revolucionariamente, pero sí a viva fuerza, dejándose perseguir y expulsar (que ésta era la actitud de los Gobiernos en 1866 y en 1875).

(2) Tal era antes la teoría (hoy ya inconstitucional, por fortuna) de muchos adversarios de la neutralidad de la enseñanza del Estado; ésta, para los profesores y alumnos católicos; para los demás, se les deja la enseñanza privada.

ligiosa, tienen perfecto derecho a que se les exima
de esta violencia y se les respete tanto como se res-
petaría a millares de hombres en su situación.

¿Cómo lograr este resultado?

La solución no parece difícil. Consérvese en
buen hora, mientras se procura activamente ganar
la opinión a la causa de la neutralidad de la enseñanza escolar, la de la religión oficial en las escuelas del Estado, pero a horas y en condiciones tales
que, sin perturbar su buen régimen, pueda eximirse
de recibirla a aquellos niños cuyas familias lo de-
seen. E igualmente cuando el maestro disidente del
culto dominante se halle imposibilitado de dar esa
enseñanza, a no ser con violencia e hipocresía, en-
cárguese al párroco, o a otra persona designada de
acuerdo con la autoridad eclesiástica y capaz de
desempeñar honradamente esa misión. Si los Gobiernos conservadores—a quienes más de cerca incumbe, por ser quienes más largo tiempo llevan
ejerciendo el Poder, y por el alarde que de su
alianza con los intereses confesionales (católicos o
no), hoy por lo común políticamente ligados a esos
partidos, suelen hacer a todas horas—hubiesen procurado cumplir el artículo 11 de la ley de Instrucción pública del Sr. Moyano (1), haciendo que

_____

(1) Después de publicado por vez primera este artículo, el
mismo Sr. Moyano ha lamentado en el Senado el abandono en
que párrocos y Gobierno han tenido este precepto. (Sesión de 19
de julio de 1884.)

los respectivos párrocos tuviesen «repasos de doctrina y moral cristianas para los niños de las escuelas elementales, lo menos una vez cada semana»,
hoy se encontraría bastante expedito ya el camino para esta clase de reformas; porque nada más
fácil entonces que encomendar ya en absoluto al
clero la enseñanza confesional, indemnizándole con
una modesta remuneración, que, en nuestro sentir,
no debería disputársele, y que ojalá hubiese establecido el Sr. Moyano. No se ha hecho así; y lo que
hoy sería una consecuencia y una ampliación del
principio consignado en 1857, tiene que ser una verdadera innovación, aunque sencilla, y hallar alguna
resistencia, muy débil, probablemente, pero con la
que no habría que luchar, si se hubiera cumplido la
ley (1).

Donde los obstáculos pueden ser mayores es en
los pueblos pequeños; por una sola razón, a saber:
cuanto mayor es el atraso de un grupo social, menos concibe y sufre que nadie disienta de su mayoría en cosa alguna. Y así mirará con malos ojos al
maestro cuya dignidad le impulse a abstenerse de
la enseñanza confesional como contraria a su conciencia.

Estos «escándalos» en las localidades serán, sin

(1) Los motivos políticos han dado a la incompleta medida de
1913 (exceptuando de la enseñanza confesional obligatoria en
la escuela pública a los niños de familias disidentes, pero dejando intacta la situación del maestro) una resonancia injusta y
promovido una campaña pasional.

embargo, muy cortos en número. Por una parte, la mayoría de los maestros actuales son católicos, como la mayoría de nuestro pueblo, a lo menos exteriormente hablando, y por otra, habituados no sólo a dar esa enseñanza, sino, en muchos pueblos, hasta a tomar en las prácticas religiosas de sus alumnos una parte excesiva, merced a la indebida aplicación del artículo 42 del reglamento de 1838, la fuerza de la costumbre hará que sólo se aprovechen de la emancipación con que el Estado les brinde aquel corto número que con mayor viveza sienta la necesidad de poner en armonía con su conciencia sus deberes exteriores. Algunos habría, sin duda, que, sin este respetable estado de espíritu, y por afán y mal gusto de adquirir cierta notoriedad, o por otros motivos análogos, se lanzasen por el nuevo camino; y éstos serían, como de costumbre, uno de los mayores obstáculos para la formalidad y pureza del movimiento. Pero con tal clase de obstáculos hay que contar siempre y en toda especie de reformas, aun las más mesuradas.

Lo que interesa, sobre todo, es que mientras llega el día de consagrar plenamente la neutralidad de la escuela, no se tolere por más tiempo la situación violentísima, ya del maestro, cuyas funciones comienzan a adquirir la dignidad que le pertenece, ya de un solo padre de familia, obligado hoy a elegir entre dejar a sus hijos sin escuela o resignarse a que reciban una educación que sus convicciones repugnan. Ese padre, a Dios gracias, es ya, constitucionalmente, tan ciudadano como el más ortodoxo católico; y no hay noticia de que, por sus creencias disidentes, ni el Ayuntamiento ni el Estado le hayan dispensado, v. gr., de pagar las contribuciones que le correspondan. Si la opinión general reclama todavía el mantenimiento de la enseñanza confesional en la escuela, en nada se opone este empeño a que se remedie ese conflicto. El modo indicado parece ser práctico y decoroso. Podrán excogitarse otros, tal vez; de todas maneras, llamemos sobre él la atención del profesorado y en general de las personas cultas.

1882.

ENSEÑANZA Y EDUCACION

De todos los grandes problemas que interesan a la regeneración de nuestro pueblo, no conozco uno solo tan menospreciado como el de la educación nacional. Los padres, que declinan con terror y fastidio funciones cuya dignidad supera a sus menguadas fuerzas; los maestros de todas jerarquías, desde la más sublime de abrir al niño los horizontes de la vida y del mundo, hasta la que más prosaica parece de fabricar abogados, militares o médicos; los Gobiernos, que creen asegurado el porvenir de la patria con recetar un programa de estudios y disponer las veces que por semana han de decorar los alumnos el Catecismo, o la Historia, o han de filosofar, o hacer píldoras; la sociedad entera que, sin conciencia moral de su poder ni de su obligación, estrecha la mano del reo con la misma indiferencia que la de la víctima, se sienta a la mesa de ambos —si la cocina lo merece—y se contenta con reír y murmurar a sus espaldas..., todos de consuno se encogen displicentes de hombros ante linaje tan malaventurado de cuestiones. ¿Qué importa si nues-

tro pobre pueblo, huérfano de toda dirección y tutoría, abandonado al imperio de las circunstancias
por todas las clases superiores, el profesorado, los
literatos, el clero, los políticos, sufre los azares de
esta penosa convalecencia de pasados yerros?

Y, sin embargo, de ese desdén universal, en una
sociedad donde la Iglesia, si ya no ha perdido —como
un famoso orador católico (1) pretende—la cura de
las almas, le falta poco para entregarla a las potes-
tades seculares, y donde la primera de las aristocracias reales y efectivas es la del talento, hay entre todas las fuerzas gobernantes una, cuya acción
prepondera irremisiblemente sobre las demás, y
cuyo influjo y cuya responsabilidad son por esto
nada despreciables. Esta fuerza es la enseñanza,
poéticamente divinizada en teoría por la retórica
de los ministros y los Parlamentos, y prácticamen-
te sometida a saludable dieta intelectual—y aun
física—por la sabiduría de esos mismos Poderes:
la enseñanza, a la cual toca, pues, sea por propia
virtud, sea por el decaimiento de los restantes factores, el primer rango hoy día en la educación individual y social de nuestro tiempo.

Entre nosotros, ¿a qué se reduce la enseñanza?
Función pública, jerárquicamente organizada, no
tiene, hoy por hoy, otro norte que el de lograr que

---

(1) El inolvidable Moreno Nieto empleaba con frecuencia
esta frase en sus discursos.

unos cuantos niños, jóvenes u hombres hechos—pero
siempre cortísima minoría en el país—se asimilen
ciertas ideas y las retengan por mayor o menor número de años, al cabo de los cuales van lentamente
anublándose en su espíritu. Esta función se desempeña por el comercio entre dos personalidades: el
maestro y el discípulo; el primero, que va diciendo
las cosas que cree saber al segundo, y éste—al menos tal es la teoría—que las aprende. Así, nada más
diferente que la situación respectiva de uno y otro;
hasta el punto de que no hace muchos años uno de
nuestros catedráticos más insignes proclamaba que
«la vida del profesor se divide en dos períodos
opuestos: en el primero estudia, es decir, se dispone para enseñar; en el otro enseña, y sólo enseña, es decir, ya no estudia»; principio a que el benemérito adversario del *docendo docemur* rinde con
su conducta inflexible homenaje.

Mas se dirá: «¿Qué tiene esto de extraño? ¿Va
el niño a la escuela a disputar como Jesús con los
doctores, a inventar el alfabeto y el papel pautado,
el Catecismo, las cuatro reglas y hasta la Geografía, o va sencillamente a aprender?»

Ninguna respuesta mejor que aquella de *a frac-
tibus eorum*... Gracias a la teoría dominante, el
niño, y aun el hombre, no van a la clase a discutir,
a preguntar, a meterse en camisa de once varas, a
poner en apuros al maestro, a averiguar lo que no
les importa y a subvertir la concertada armonía de

los orbes; o, dicho de otro modo, no van a despertar los gérmenes de su personalidad física, intelectual, moral, afectiva, a *educarse*, en suma, en
cuerpo y alma, sino a *instruírse*, «a aprender lo
que oyen», y si en la escuela el elemento educativo
tiene corta importancia, el carácter *instructivo* se
acentúa en el Instituto y la Academia preparatoria,
en la Universidad, en las «carreras especiales», militares o civiles, ¡hasta en el Seminario!, «apren-
diendo» siempre, adulto o niño, en todas esas partes, una casi infinidad de cosas en una casi eternidad de tiempo, y saliéndose al cabo con la suya,
esto es, con su borla, su diploma, sus galones u
otras marcas de fábrica al uso. Entonces—¡ventu-
roso instante! —concluyen las clases, los maestros,
los libros. Ya el joven se halla en posesión, primeramente, de la cultura general propia de todo hombre; después, de la particular que para su profesión
necesita. Sobre tan sólidas bases, ahora comienza
para él la vida libre, feliz e independiente, como la
de aquella España del padre Isla (que por cierto no
ha vuelto a verse en otra desde que «se abrió al
cartaginés»).

Ya se sobrentiende que esta es la teoría, porque en la práctica las cosas pasan de otro modo.
En la práctica, lo que entonces comienza para el
mísero alumno de las musas, de Beatriz o de Marte,
es lo que pudiéramos llamar el proceso metódico
del olvido; proceso que suele ser harto más rápido

que el del estudio, y, sobre todo, de más seguro
éxito. Sería curioso conocer, por ejemplo, el tanto
por ciento de muchachos que, tras ocho o nueve
mortales años perdidos —¿por qué no darles su
nombre?—en la escuela y en el Instituto, aportan a
la Universidad la variada cultura que la teoría es-
pera de aquellos centros docentes. ¿Cuántos, después de las inútiles agonías de tanto y tanto examen
conservan siquiera la mitad de lo que el Tribunal
declara que aprendieron? ¿Cuántos, en particular
los que sacan de su vida académica media docena
de ideas propias, claras, firmes, valederas para ela-
borar sus convicciones, su porvenir y su conducta?

Nadie negará que hoy día la primera cualidad
por que se estima al hombre es el talento. Se le
adula por sus riquezas o por su posición exterior;
pero sólo le granjea personalidad y renombre aquella facultad, que, por otra parte y a causa de esto
mismo, es la que pronuncia el *sic itur* y sabe, cuando quiere, abrirse de par en par todas las puertas.
Hizo de la inteligencia Descartes la nota fundamental del espíritu, como la extensión, de la naturaleza,
y la opinión común... ¿qué digo común? la más em-
pinada Filosofía, el positivismo, la última moda del
saber contemporáneo (1), sigue aún la doctrina del
metafísico francés, que tan anticuado, inocentón,
cursi y prehistórico parece en lo demás, al cabo de

_____

(1) En 1881.

dos siglos, a nuestros pensadores impúberes. Ahora bien; las inteligencias que reciben hoy pleito homenaje y constituyen nuestra aristrocacia intelectual —algo semejante a la de los letrados en China—se distinguen en dos grupos. Hay, por una parte, los hombres *sabios;* por otra, los hombres *listos.* Entre las personas de talento, cada cual, según su idiosincrasia, sus inclinaciones y sus gustos, entra en una u otra cofradía. Este apura fechas, diccionarios, archivos, o registra en la Farmacopea los 3.000 procedimientos para obtener el agua de Melisa, o cataloga las estrellas, o describe el cosmos de una gota de agua—lo infinitamente grande o lo infinitamente pequeño, que ellos dicen, y queda allí, sin buscarle mayor trascendencia—. El otro, condiscípulo ideal de los Rinconetes y los Cortadillos, estudia el arte de triunfar de los hombres y aun de las mujeres, da grasa a los ejes de la consabida rueda de la fortuna y se familiariza con todos los resortes de la esfera a que se reduce su vida: sea el palacio o el templo, el Congreso o la Bolsa, el Ateneo o las productivas y bravías soledades de Sierra Morena. Los unos llegan al zénit por la memoria y la paciencia; los otros, por el ingenio y la audacia; de aquéllos se hacen los académicos, los eruditos, los anticuarios; de éstos, los generales, los banqueros y los ministros. Bien mirado, tan doctor es Monipodio como Sganarelo o don Hermógenes.

Pueril sería contestar que, como siempre, hay

excepciones; pero la corriente se aparta de ellas y marcha por esas dos series directoras y gobernantes de nuestra cultura patria; series ambas que, por igual, coinciden en un desdén supremo hacia todo cuanto se refiere a los principios fundamentales de la vida, a los problemas de la naturaleza de las cosas, a los grandes intereses humanos. Fuera de los cálculos egoístas de los unos y de las improbas cavilaciones de los otros, no hay cosa de importancia: la paz y la guerra, la libertad y la tiranía, la prostitución y la virtud, la miseria social, la civilización, la religión, el derecho, la moral, el arte... ¿qué valen junto al genio que revela una jugada de Bolsa, o comparados con la ciencia sólida, positiva y maciza del que cuenta las palabras que tiene la Biblia del padre Scío? Esto es lo verdaderamente serio; todo lo demás es filosofía, poesía, ideología, palabrería.

Grandes cosas son—¿qué duda cabe? — la sagacidad y el ingenio. Pero no hay que confundir el el arte de la vida, que sabe aprovechar con sensatez, con oportunidad y tacto, pero honrada y noblemente, las fuerzas de la trama social para lograr sus generosos fines, y la ratería del *pick pocket*, cuando acierta con el bolsillo de sus parroquianos y ríe de su simplicidad e inocencia. De igual suerte, nada hay más digno de respeto que la generosa labor del sabio consagrado al prolijo estudio de los pormenores, no como alimento de una infantil curiosidad del pormenor como tal, abstractamente y sin otro servicio, mas sólo a condición de que busque en ellos la viva unidad que los enlaza, no un cúmulo de fragmentos destrozados e inertes. El científico que pugna por desenredar el caos de los fenómenos y entresacar de él algún rayo de luz para el pensamiento y la vida, nada tiene que ver con el curioso, el coleccionista, el bibliómano, para el cual lo único grande es lo pequeño, y a cuyos ojos míopes, a fuerza de no contemplar sino cosas menudas, tienen mayor importancia que las convulsiones de la humanidad las crisis de la filatelia, o—para que nos entendamos—del comercio de sellos de correo.

El vicio fundamental de nuestras clases...—llamémoslas ilustradas—puede definirse en fórmula precisa. Entre nosotros, las personas de talento son periodistas, catedráticos, clérigos, comerciantes, ministros, naturalistas, fabricantes, médicos, militares, abogados, músicos, escritores, químicos, arquitectos y qué sé yo qué más... pero difícilmente son *hombres*. De aquí su estrecho especialismo, su indiferencia mortal hacia todo *plus ultra* de su reducido horizonte, y ese profundo divorcio entre la instrucción y la educación, no sólo en cuanto a la vida moral, sino en la misma esfera de la inteligencia, donde a cada paso tropezamos con un sabio archiglorioso, un artista celebérrimo o un político rutilante, que si entienden más o menos sus respectivos oficios, no se les importa un bledo de los demás, y muestran una casi total ausencia de aquellas ideas, principios, sentimientos, gustos y hasta maneras, por los cuales es el hombre *hombre,* no por saberse la tabla de logaritmos, por trinar en el *re* sobreagudo o ganar a la ruleta una cartera.

De esta miseria de nuestra vida intelectual es, no sé si diga causa parcial o efecto, la de nuestra enseñanza. Porque, de un lado, la refleja con lealtad intachable, y de otro, la auxilia y fortifica, amenazando, si Dios no lo remedia, con mantener aún tanta vergüenza y tanta postración por larga dinastía de años y hasta siglos.

Sigue nuestra enseñanza el impulso de las ideas reinantes. Según éstas, se halla concebida, organizada y desempeñada como una mera función intelectual, o sea que atiende a la inteligencia del alumno tan sólo, no a la integridad de su naturaleza, ni a despertar las energías radicales de su sér, ni a dirigir la formación de sus sentimientos, de su voluntad, de su ideal, de sus aspiraciones, de su moralidad y su carácter. Ya lo hemos dicho. Apenas si en la escuela primaria recibe el pobre niño, entre los gritos y pescozones del maestro, el problemático beneficio de un tratamiento, dirigido. al fin y al cabo, con su tanto de intención pedagógica; pero al salir de allí, acaba para él toda educación en las aulas (y por lo general, fuera de ellas), donde sólo su instrucción material se procura. Daría todos los millones de Rothschild, y aun de Mackay, por ver

qué cara pondría, v. gr., un catedrático de Química
o de Derecho mercantil, si oyera que él tiene que
cuidar de que sus discípulos no frecuenten las
casas de juego, los burdeles y demás esferas análogas de la administración; de que sean varoniles,
sinceros, honrados, laboriosos, cultos, limpios y
hasta elegantes; trabajen por inclinación y no por
«ganar año» (que debiera llamarse «perderlo»);
guarden costumbres puras, adquieran gustos nobles
y aborrezcan la vulgaridad, la informalidad, la suciedad, la pereza, la envidia y la mentira; es decir,
los vicios más carasterísticos, no de nuestra raza
—¿quién se atrevería a cerrar la puerta a toda esperanza de mejora?—, pero sí de nuestra nada
próspera situación social. Allí sería el recordar
entre el jolgorio la Constitución del año 12, que
dicen que mandaba a todos los españoles ser de
Real orden justos y benéficos.

Ante esa concepción intelectualista que hoy
priva sobre las funciones del profesorado, nada importa que la juventud se despeñe, y perpetúe en la
nación la barbarie, con tal que aprenda—siquiera
para salir del paso—su Anatomía, su Literatura o
sus pretéritos y supinos. Apresurémonos a declarar
que la culpa es del sistema y de las personas, pero
muy principalmente del sistema. Pónganme a un
Sócrates o a un Froebel al frente de una clase de
500 alumnos, a los cuales no ha de ver ni hablar
sino—a lo sumo—una hora cada día; oblíguenle a no

hacer en esa hora más que exponer la parte alícuota correspondiente de un programa calculado por la sabiduría administrativa, como las lecturas del *Año Cristiano*, a lección por jornada, y pídanle luego que forme en aquellas desdichadas criaturas un sentido científico, y un sentido moral, y no sé cuántos otros más sentidos: gracias si, entre esos cinco cientos, hay media docena que al cabo de la temporada saquen los suyos algo menos obtusos.

Ahora bien: como el hombre, por cualquier lado que ustedes lo miren, es, según dicen los filósofos, un verdadero organismo, todas cuyas funciones se implican, protegen y perturban mutuamente, cuando la enseñanza no es más que intelectual, se hace incapaz *ipso facto* para satisfacer ese mismo fin. «Pues, ¡qué!—oigo ya exclamar—, porque separemos ambas funciones, la del maestro y la del padre o pedagogo, la instrucción y la educación, siguiendo, después de todo, la fecundísima ley de la división del trabajo, ¿ha de ser de peor calidad el fruto de la primera? Porque el profesor se ciña a explicar, a preguntar, a tomar la lección a sus discípulos—las tres operaciones hoy fundamentales de su oficio—, sin entrometerse en más perfiles, ¿van aquéllos a aprender peor el corte de piedras, la ley hipotecaria o el binomio de Newton?»

Distingamos. Sin duda, un cierto grado de instrucción material, esto es, de estampación y como incrustación en el entendimiento de cosas pasiva-

mente aprendidas y almacenadas por más o menos
años, es perfectamente compatible con la más grosera incultura del espíritu; ¿crece éste por yuxta-
posición acaso? No hay, en verdad, motivo alguno
—Balzac lo ha mostrado y todos lo vemos cada
día—para que un hombre, por el hecho de saberse
de memoria a Horacio, el Calepino y hasta el Ar-
chivo de Simancas, sin errar una tilde, sea ya discreto, reflexivo, afectuoso, honrado, guarde los
Mandamientos, cultive el ideal, posea un concepto
profundo de las cosas y viva y obre, en suma, como
una persona decente. También el bruto recibe in-
tuiciones, y las combina, y aun—según algunos—
saca de ellas lo que le tiene cuenta. Ahora, para
ascender a otras regiones superiores; para pensar y
discurrir por sí mismo; para discernir la verdad y el
error; para formar juicios propios, firmes y exac-
tos; para tener personalidad; para poner algo de su
cosecha en el mundo; para no ser un poste, donde
viene cada maestro o cada libro a estampar por
turno su bando de buen gobierno..., para todo esto
se necesita sentido común; sentido que en todas
partes podrá ser, como ha dicho no sé qué novelista, el menos común de todos, pero que en España
¡Dios sabe si anda por las nubes! Y es que para tener entendimiento, basta nacer con él; para tener
memoria o paciencia, ejercitarlas; mas para educar
en su plenitud la inteligencia, es absolutamente indispensable educar por entero todo el hombre.

Reconozcamos de buen grado que el sistema actual de enseñanza, sistema burocrático en que el profesor despacha la lección en su hora y media, como quien despacha un expediente, y tiene con el alumno sólo un contacto superficial, que los deja enteramente extraños uno a otro; sistema memorista, mecánico, dirigido a nuestras facultades inferiores, para las cuales se digna promulgar en solemne revelación académica la verdad, oficialmente averiguada y definida, librándonos de aquel trabajo de buscarla por nosotros mismos, que Lessing reputaba el más característico de seres racionales; que ese sistema, digo, es de admirable éxito, sí, como parece, ha sido organizado para dar a la patria generaciones de sujetos raquíticos de alma y de cuerpo; indiferentes hacia principios que ignoran si lo son, porque no los han hallado ni comprobado por sí propios; despreciativos de todo ideal; escépticos y limitados, cuando no aburridos de la letra de molde. Mas si, por acaso, lo que se pretendiese fuera asegurar el porvenir intelectual de nuestro pueblo, el sistema instructivo está condenado a la vez por su raíz y por su fruto; porque la educación y desarrollo de la inteligencia sigue a los del hombre como la parte al todo, y su horizonte se dilata o se cierra con el horizonte general del espíritu. Del presumido y vano; del que ahoga el clamoreo de su conciencia, todavía no bien empedernida; del envidioso; del disipado y frívolo; del egoísta, sordo a los

dolores de la humanidad, puede quizás esperarse—¡y no lo sé!—toda la paciencia necesaria para
las delicadezas del microscopio o para descifrar
una inscripción cuneiforme; toda la penetración
que requieren las sutiles combinaciones del cálculo;
todo el tino del mundo para llevar a feliz término
un experimento en el laboratorio...; pero difícilmente ese supremo amor a la verdad, desinteresado,
impersonal, objetivo, única fuente de todas las luces y revelaciones superiores.

Hay que desengañarse: las mismas condiciones
fundamentales pide la enseñanza destinada a lograr
científicos que la que se propone formar hombres;
a menos de seguir hasta la eternidad bifurcando
nuestra especie en dos tipos: el hombre y el sabio.
Pero nadie será osado a negar—siquiera por el bien
parecer—que el sabio, antes que sabio, convendría
un tanto que fuese hombre en cuerpo, alma y vestido—la triada antropológica—; que se revele en él
una persona, no «una inteligencia servida por órganos», según la mística aspiración de Bonald; un sér
dotado de sentimientos, de carácter moral, de experiencia del mundo, que ande, y coma, y duerma, y
hable como cualquier cristiano, o racionalista, que
no hubiese perdido los rasgos distintivos de nuestro
linaje. Además, la génesis del espíritu científico en
cualquiera de nuestros semejantes sólo es posible
merced a una verdadera educación, sin la cual ya
hemos visto cómo el pensamiento se decolora, mu-

tila y embastece, y se entierra entre el polvo de los pormenores. Cierto que la exposición de todos los elementos que se requieren para promover una pura vocación científica parecería hoy cosa de burlas, apegados como nos hallamos aún a ese fácil juicio para el que es ciencia cualquier cosa: la invención de un específico para los sabañones o la *coquelu- che*, fundado en la experiencia clínica; una disertación retórica sobre cuatro lugares comunes «filosóficos»; una lista sin crítica de documentos inéditos; un miserable Manual, consagrado al alto fin de facilitar al alumno la respuesta al programa de examen.

Mas, sin entrar en esa enumeración, que habría de remover los «humores acres, proclives y corrumpentes» de más de un doctor Bartolo, sea lícito al menos insistir en la necesidad de que esa esfera de la enseñanza entre, como todas, en vías de redención, merced al espíritu educativo. Tres y cuatro veces bienaventurada la generación que vea rellenar con los escombros de tanta pedantería el abismo que hoy media entre el pobre alumno, víctima de uno de los más insufribles tormentos —el de estudiar sin gana, como acontece a quien no ha sido educado en el amor y el goce del trabajo—y el profesor, revestido de sus ornamentos, sublimado en el trípode (la mitad de su ciencia), y oficiando siempre de pontifical; porque si la operación de instruir a esa otra especie de reclutas, no más

afortunados que los de la milicia, es por naturaleza
una acción superficial e intermitente que puede
bien ejercerse a distancia, la educación es por necesidad una acción íntima, sólo asequible a favor
de una comunicación profunda, familiar y constante. La confianza en el maestro, la medida libre del
tiempo y de la manera de llenarlo reemplazarán entonces a la ignorante, suspicaz y depresiva reglamentación burocrática; la conversación animada y
discreta, a los interrogatorios solemnes y a esos
discursos que deben reservarse para las conferencias dirigidas a un público heterogéneo, numeroso
y anónimo; la investigación personal en común, a
las exposiciones dogmáticas; la espontaneidad, tan
fecunda, a la aridez académica; la palabra viva, al
libro de texto; la dirección individual de cada alumno, al régimen abstracto de la masa, cuyo atomismo
es tan desafortunado en esta esfera como en la
Medicina, la política o las cárceles.

Es más complicado —pero mucho más— de lo que
parece organizar un sistema de enseñanza que aspi-
re a dirigir la educación nacional. Si no, con copiar
a Alemania —ahora que está de moda— como antes
hemos copiado de Francia, allá por los años de 45,
habríamos salido del paso. Estudiar y procurar satisfacer las condiciones generales de toda educación digna de tal nombre, ya es mucho, y, sin embargo, no basta. Hay que darse clara cuenta del
carácter nacional, de los precedentes que han con-

tribuido a formarlo, de sus naturales energías, de su estado, sus cualidades, sus defectos, para, de esta suerte aleccionados, excogitar los medios más capaces de corregir nuestros vicios y encaminarnos por mejores senderos. A las personas especialmente dedicadas por vocación o por oficio —cosas que, por desgracia, no siempre caen juntas—, a este linaje de problemas es a quienes toca plantearlos en primer término, ensayar su solución, adoptarla en el límite de sus fuerzas y recomendarlas a los Poderes y a sus conciudadanos. De ellos, de los escritores, del clero, del profesorado, de las familias, es de los que puede y debe esperarse algún remedio, más bien que de los Gobiernos, que harto hacen con llenar la *Gaceta* de leyes, decretos y demás formas del arte de recetar; sacar la quinta, cobrar las contribuciones, aumentar la Deuda y garantir la libertad industrial de los secuestradores y ladrones en cuadrilla. ¡Y todavía han de cuidar de que no se pague a los maestros su espléndido salario (1)!

De mucho servirían al intento la exportación al

_____

(1) La deuda de los Ayuntamientos a los maestros llegó a ascender, en 1897, a 9.056.565,46 pesetas, según la *Gaceta* de 15 de febrero de 1898. Pero esto ha cambiado: 1.°, con el presupuesto de 1902, que incorporó las obligaciones del personal de las escuelas primarias al Estado (Romanones); 2.°, con el presupuesto de 1903 (Villaverde, Bugallal), que elevó el sueldo mínimo del maestro a 500 pesetas; 3.°, con el presupuesto de 1911 (Burell), que abrió el camino para llegar, mediante sucesivas elevaciones, al sueldo mínimo de 1.000 pesetas. Hoy no llega todavía más que a 625.

por mayor de españoles a Europa, a fin de que
aprendan, vean, oigan y callen, y la importación de
extranjeros—al modo como lo ha hecho Italia—para
que enseñen, y hablen, y—si puede ser—nos civili-
cen. Lo malo es que, cuanto a lo primero, el español, por su misma fiereza e incultura, no saca siempre tanto provecho de sus viajes como sería de desear y él se imagina. Nuestra falta de preparación
para resistir lo que podríamos llamar la crisis del
trasplante y para asimilarnos los progresos de otros
pueblos; nuestra presunción ultralusitana, más bien
nuestra soberbia, que a cada hombre de medianos
estudios le hace conceptuarse digno de dar glorioso
alimento a marmolistas y poetas; el malaventurado
apoyo que a esta vanidad infantil presta lo de *en
tierra de ciegos...*, cosas son que conspiran a dis-
minuir el fruto de esas verdaderas «excursiones
instructivas». ¡Cuántos españoles inteligentes, honrados y nada ignorantes, pero que heredaron nuestra ligereza e impresionabilidad y llevan ideas dis-
paratadas al Extranjero, sufren decepciones semejantes a aquella del paleto cuando vió que la reina
no era de oro, y acaban por volver poniendo sobre
el lago de Ginebra la charca de la Casa de Campo,
y sublimando hasta la Osa mayor los toros y el pu-
chero—las dos instituciones primordiales de nuestra
Pedagogía nacional—! Y por el contrario, ¡cuántos
regresan abominando, no los vicios y atraso de su
patria, en cuya enmienda no quieren perder ellos su

tiempo, sino la patria misma, maldiciendo las ben-
ditas raíces que a todo hombre de honor consolidan
con ella, y ansiando arrancarlas de cuajo! Para los
unos, sólo en España se sabe, se come, se bebe y
se vive como Dios manda; los otros son de la raza
de esos que, tras dos meses de París y Biarritz,
se paran sorprendidos en la Puerta del Sol, para
preguntar en castellano chapurrado si no era allí
donde estaba la catedral de Toledo.

Dos palabras, para concluir, acerca de los padres y las familias: a nadie que se haya interesado
sinceramente por el progreso de nuestra educación
se oscurece que son hoy la más grave dificultad
quizá que necesita vencer toda tentativa de reforma. Por una larga serie de razones, cuya discusión
nos llevaría muy lejos, esa reforma, entre nosotros,
comenzará, no por el padre, sino por el maestro,
cuyo estado actual es, sin embargo, tan poco satis-
factorio. De aquí que no sea lícito esperar el pronto término de esa frecuente lucha entre la familia y
la escuela, entre dos ideales de lo que deben ser el
niño, el hombre, la educación, la sociedad, la vida;
lucha de todos los instantes, ya sorda y cortés, ya
áspera, vehemente y subversiva, a propósito de la
moralidad, del estudio, de los juegos y las diversiones, de los castigos, de los premios, de la alimenta-
ción, del vestido, del régimen, hasta de la higiene.
El padre que de buena fe cree adorar a su hijo
porque se divierte con sus gracias—casi al modo

como lo haría con un perro o un loro—, le prodiga
caricias y reduce sus obligaciones a mantenerlo y
procurarle estado, ese padre ve en la celosa educación del niño fastidiosa carga, en el maestro un
censor, y vacila entre arrojar sobre éste el peso insoportable o resignarse a conllevarlo, al menos en
la forma, emancipándose de la tutoría que la escuela inevitablemente le impone. Y, sin embargo, ¡qué
inmenso y bienhechor poder el de la familia, cuando
acierta a constituir en derredor del niño esa atmósfera sana, íntima, caliente, pura, viril, animadora!
Bien puede asegurarse que no habrá una real y verdadera España, esto es, un pueblo digno de ser in-
cluído en la venidera Humanidad civilizada; un pueblo culto, enamorado del ideal, sincero, sereno, me-
surado, suave y enérgico a la par, honrado, paciente, sensato, bien alimentado y hasta limpio, en vez
de esta horda de epilépticos, que somos la mayoría,
mientras esa discordancia no cese y con ella el des-
nivel moral e intelectual que acusa; discordancia
que aturde y desorienta tantas veces al niño, y aun
no sé si le causa quizá más grave daño que un mal
sistema de educación seguido con insistencia. Al
ver a tantos pobres padres desidiosos gozar del presente, disponiendo para el niño el más obscuro porvenir, que luego les arrancará lamentaciones estériles; al calcular lo que de una conducta semejante
puede esperarse para la redención de un pueblo; al
asistir al libre desarrollo de todos los malos gérme-

nes depositados en el niño por la herencia y por el medio ambiente doméstico y social, y la opresión de todos los principios de salud que Dios puso en su alma y que van secándose uno a uno, la ingenuidad, la benevolencia, la dulzura, la naturalidad, la fe, el desinterés, el entusiasmo varonil, la sana alegría, la pureza... no puede menos el hombre observador de exclamar con profunda amargura: «Si fuesen así todos los padres, bienaventurados los huérfanos.»

1881

LA JUVENTUD Y EL MOVIMIENTO SOCIAL

«¿Valía la pena de tan pequeño y triste fin tan grande y grato principio? ¿Refleja el espíritu joven, como limpio cristal, la luz de las ideas divinas, para bajar de negación en negación hasta el sepulcro de su egoísmo individual? ¿Saca Dios al hombre a la escena del mundo, y lo tiene de su mano cada día y hora, y le da por compañeros el Espíritu y la Naturaleza, por madre la Humanidad, por asiento el tiempo y el espacio, por techo el cielo, para que este hombre deje estrellarse en él, como en cuerpo duro atravesado en la corriente, los planes de la Providencia?»—SANZ DEL RÍO. (Discurso inaugural de los estudios universitarios en 1857.)

I

En pocos períodos de nuestra vida contemporánea habrá hecho alimentar la juventud tan consoladoras esperanzas como durante los últimos diez años que precedieron a la revolución de septiembre. Menospreciando abochornada a aquellos de sus miembros que, apenas salidos de las aulas, y tras de cursar el breve aprendizaje de la política militante, ya en la imprenta diaria, ya en las oficinas del Estado, ya en la clientela de los personajes influyentes, hasta asimilarse con servil docilidad las costumbres de los partidos gobernantes, lograban un puesto entre los hombres descreídos y audaces que luchaban por la posesión del Poder; apartada de estos hombres, rehuyendo toda complicidad con ellos, encerrada en un silencio grave, semejaba disponerse en la austera educación de todas sus fuerzas vivas para el momento, fácil de prever, en que la nación, indignada al parecer contra las viejas cosas, hastiada en realidad—como luego hemos visto—sólo de los viejos nombres, buscase en la nueva generación los campeones de su honor y su libertad: en aquella generación hacia la cual por entonces convergían todas las miradas de nuestros pensadores. Y así, al contemplar ese creciente alejamiento de nuestra juventud, podía exclamar el Sr. Ríos Rosas en 1863, increpando a los partidos medios: «No tenéis la juventud, os abandona, y hace bien, porque no la enseñáis, porque no la guiáis, porque no comprendéis, porque os morís, ya que *comprender* o *morir* es la suerte de nuestro siglo.»

Pero se consumó la revolución de septiembre. Cayó el antiguo régimen; desaparecieron con él casi todos los hombres que, con lealtad algunos, con infidelidad otros, con ceguedad los más, todos con el egoísmo de su partido o su persona, no ha-

bían servido sino para prolongar su miserable agonía; proclamáronse sobre aquellas ruinas aparentes
los principios que —con razón o sin ella— constituyen el derecho contemporáneo: la libertad religiosa, de enseñanza, de imprenta; la inviolabilidad del
domicilio, la seguridad personal, la abolición de la
pena de muerte, de la esclavitud, de las quintas,
de los monopolios oficiales; el sufragio universal,
el jurado, la inmovilidad judicial, la elección popular para ambas Cámaras... Proyectáronse las bases de una renovación total; en fin, comenzó a latir
la vida en las secas venas de este atormentado
cuerpo; abriéronse todos los espíritus, sin distinción
de ideas, a la risueña esperanza de sucesos mejores; y los *hombres nuevos,* surgiendo al cabo de la
honrada penumbra de su ostracismo y viniendo a la
clara luz del día en medio de este radiante cortejo,
borraron por el pronto hasta la dolorosa memoria
de los que parecían haberse llevado consigo y para
siempre el germen de todas las corrupciones que
antes envenenaban la sociedad y el Estado.

Pasó el primer momento del noble y puro entusiasmo, y llegó la hora de condensar reflexivamen-
te el clamor unánime de nación. ¿Qué hicieron esos
hombres nuevos? ¿Qué ha hecho esa juventud? ¡Qué
ha hecho! Respondan por nosotros el desencanto
del espíritu público, el indiferente apartamiento de
todas las clases, la sorda desesperación de todos
los oprimidos, la hostilidad creciente de todos los

instintos generosos. Ha afirmado principios en la
legislación y violado esos principios en la práctica;
ha proclamado la libertad y ejercido la tiranía; ha
consignado la igualdad y erigido en ley universal el
privilegio; ha pedido lealtad y vive en el perjurio;
ha abominado de todas las vetustas iniquidades y
sólo de ellas se alimenta. Y como no podía menos
de acontecer con tal conducta, ha lanzado a la insurrección a todos los partidos ajenos a la distribu-
ción del botín; ha desdeñado a los proletarios y ate-
morizado a los ricos; ha humillado a los racionalis-
tas y ultrajado a la Iglesia; ha dado la razón a los
esclavistas y a los negros, y se ha captado la anti-
patía de liberales y conservadores, de los hombres
ilustrados y del vulgo.

Evitemos, no obstante, hacernos eco de las
inhumanas acusaciones con que pretende infamar
a esos hombres el amargo rencor de tanta ilusión
cruelmente defraudada. En general, su conducta
ha sido la que debía esperarse de todos los precedentes y de todas las circunstancias individuales y
sociales de su obra. La incultura del espíritu patrio,
si no era obstáculo a la edificación sistemática de
una nueva vida, tampoco la estimulaba a lo menos
con su enérgica vigilancia; antes, por el contrario,
había de favorecer con su inercia el regreso al antiguo camino: porque una experiencia dolorosa com-
prueba cada día más el principio incontestable de
que sólo la lenta y varonil educación interior de los

pueblos puede dar seguro auxilio a la iniciativa de
sus individualidades superiores y firme base a la
regeneración positiva y real de sus instituciones
sociales. En cuanto a los que el ministerio de las
circunstancias, al par que sus propios merecimien-
tos, llamaban a tomar sobre sí la grave responsabilidad de dirigir la solución de una crisis tan despre-
venidamente procurada, ¿qué habían de hacer?
¿Podían servir de intérpretes a las confusas aspiraciones, no de un partido, sino del espíritu nacional
entero, que nada menos reclamaba la común necesidad? Aislados del sordo movimiento interior de las
clases; faltos de principios claros y definidos, de
convicciones lentamente formadas en severos estudios, tan notoriamente inferiores en este respecto a
las eminencias de los antiguos partidos, cuanto les
excedían en la riqueza y amplitud del presentimiento; incapaces de fundar sobre este suelo movedizo
del entendimiento y la fantasía cosa alguna sólida y
duradera, una fuerza invencible les arrastraba cada
vez con mayor violencia a componer y remozar en
su provecho los mismos principios gubernamentales
que un tiempo execraran, lejos de poner los cimientos de la construcción, cuyo plan y cuyas primeras
bases apenas se revelaban a su inteligencia en el
crepúsculo de una luz dudosa.

De esta mezcla inconsciente de lo antiguo y lo
nuevo, firmemente consolidado aquello por una
práctica arraigada, y privado esto de la única auto-

ridad que puede luchar con la rutinaria experiencia
y vencerla, la autoridad de la razón reflexiva; de
esta como reacción química, donde, las más veces
sin saberlo, se fundían principios extremadamente
heterogéneos y discordes, nació la Constitución vigente (1), a trechos inspirada por instituciones lu-
minosas, a trechos, por ejemplo, de otras Constituciones análogas, pero en lo capital, hija fiel de la de
1845, una de las que más al vivo representan el contradictorio sentido del régimen doctrinario. Cuántas ruinas se hayan utilizado en esta verdadera re-
construcción, dígalo todo el que considere atento
la obra informe donde, después de poner a contribución la experiencia y las instituciones de los pueblos más cultos, resulta casi siempre eclipsado el
oscuro espíritu de los demócratas por las hábiles
afirmaciones de los conservadores: matrimonio de
conveniencia entre ideas antagónicas, intenta sustituir con una transacción empírica la fecunda neutralidad del derecho, bajo cuyo patrocinio todos los
partidos y los hombres de honor se tenderían fraternalmente la mano. Y el pueblo entero, educado
como sus gobernantes en principios hartos diversos
de los que proclama, sin atinar a entenderlos y asi-
milárselos, coopera por su parte con eficacia poderosa a esa mixtificación, inocente en su origen, y
cuyo empuje ayuda a acelerar luego por una rápida

(1) Recuérdese que se habla de la de 1869.

pendiente el vértigo de las pasiones y los intereses subalternos.

Ante el espectáculo de tanta frustrada tentativa, en que se consume la juventud de ayer, en medio de su decaimiento, y del decaimiento general de los ánimos, sintiendo la radical impotencia de toda esta medicina empírica para sanar la sociedad y el Estado, gravemente heridos en todos sus centros vitales, hostigada por las angustias de la patria, llama con imperio, atormentada, impaciente, la juventud de hoy a las puertas del Poder, que pide para sí con apremiante altanería. No hay tregua entre ella y los partidos gobernantes. Para éstos, la sociedad presente, en general, como en especial, sus instituciones políticas, descansan sobre principios saludables, cuya grandeza no bastan a afear y menos a desmentir perturbaciones aisladas y vicios de poca monta, en vano exagerados por un pesimismo misantrópico, y para concluir con los cuales sólo se requiere desenvolver en toda su amplitud esos mismos principios, hasta borrar los lunares que hayan podido deslizarse en el pormenor secundario de la obra. Los conceptos reinantes de la vida y el destino humanos, de la sociedad, el Estado y el derecho; las reglas habituales de conducta de los individuos y de los pueblos entre sí, de las clases, las escuelas, los gobiernos; el ideal, en suma, que persigue el mundo contemporáneo, todo se halla en lo esencial enteramente sano a sus ojos. Cuantos partidos

alternan en el Poder convienen en esta afirmación;
los que desean que el desarrollo del régimen actual
se acelere, como los que pretenden refrenarlo,
creyendo imprudente y peligrosa tal premura.

Semejante concierto entusiasta en honor del
siglo mal puede satisfacer a una juventud que, libre
de la inocente ceguera del hábito, siente vivo aún
en su fantasía el divino estímulo de las ideas, a
cuya luz contempla asombrada esa apoteosis del
statu quo. Si en todos tiempos el espíritu joven,
mientras con más generoso optimismo se da a tra-
zar planes para lo porvenir, muestra mayor severidad hacia el presente; si en este respecto el lema
ambicioso de toda juventud enérgica será siempre
destruam et œdificabo, ¿quién podrá extrañar que
la irrefragable necesidad de una trasformación íntima y profunda en todos los órdenes sociales y la
nulidad patente de los tópicos al uso remueva en
sus entrañas a la joven generación, empuje fuera
del camino trillado a todas sus inteligencias pensa-
doras y a todos sus corazones fervientes, y no deje
para renovar y sostener la vulgar falange de los glo-
rificadores de nuestro tiempo más que a los tibios,
los ignorantes, los apocados, a todo el lastre, en fin,
de las nulidades y las medianías?

II

Cierto: la sociedad padece hoy gravísima dolencia. No son las aprensiones livianas de unos cuantos espíritus exaltados, sino sus propios y verdaderos dolores, lo que causa su angustioso malestar. Presa de la voluntad arbitraria que pone su mandato sobre el de la razón, la consiguiente lucha de todos los elementos de la vida, creencias, principios, clases, instituciones, intereses, mantiene una hostilidad radical entre los hombres, pagados cada cual de su persona y consumidos por la pasión egoísta y desenfrenada de su propio triunfo, o, cuando más, del triunfo de su idea, que ama, no a título de verdadera, sino de propia. Así se comprende que toda la aspiración del liberalismo reinante se haya reducido a establecer los medios más eficaces para asegurarse en la vida del Estado, no el imperio de la razón, sino el de la mera voluntad social, o más bien el de la voluntad de la mayoría, cuyo despotismo ofende con tan doloroso menosprecio el derecho de las minorías y la dignidad moral humana. Y en esta división e irreconciliable enemiga de los opuestos bandos, todos igualmente aferrados a un intolerante dogmatismo, que siente el peligro mortal de verse emplazado ante la conciencia y pide a la fe ciega la única adhesión que puede hacerle prolongar sus días, la unidad ética, la virtud interior, la sosegada armonía que falta a la vida social, es reemplazada por la fuerza material y externa, que para *todas* las escuelas reinantes toma el lugar del derecho, y a la cual se encomienda impedir o retardar al menos una disolución inminente.

La sed de nombradía, de poder, de fortuna, de cuanto contribuye a aumentar los goces del sentido y a engrandecer por fuera y ante los demás a la persona; la santificación de los medios más inicuos para este inicuo fin: tales son los resortes que lanzan hoy la actividad humana a sus ruidosas empresas. Y este espíritu se muestra en la esfera científica, ahogada por la rivalidad de las escuelas y de los mal llamados sabios; como en la industrial y económica, víctima de esa recíproca explotación que decora el sarcástico nombre de *libre* competencia, y en la íntima división de la conciencia individual, donde riñen angustiosa lucha todas las contradicciones; y en el trato y usos de la sociedad, cuya ley es el *homo homini lupus;* y en las relaciones internacionales, gobernadas por las más indignas máximas; y en la moralidad, corrompida entre el aplauso y la befa de todas las clases y estados; y en la vida religiosa, descendida a profundidades de impiedad y de degradación que no osa medir el ojo amedrentado del hombre de bien; y en el bello arte, la poesía, la novela, el teatro, la música, la arquitectura, la pintura, la estatuaria, todas, todas arrastrándose serviles y sin idea para enervar la vida con el postizo recreo de una ornamentación sensual,

vendida a peso de oro; y en el derecho y la política,
en fin, espejo ustorio, donde esas vibraciones de un
éter impalpable, que penetra y corroe todos los ámbitos de la sociedad, se condensan fatalmente para
abrasar al mundo en un incendio de catástrofes y
miserias.

Esta lucha mortal, esta anarquía, anublan en los
más de los espíritus la divina luz de la razón y ex-
tienden sobre ellos la noche sin estrellas de un descreimiento pasivo, helado, inerte, contra el cual en
vano se apela a transacciones empíricas entre el
bien y el mal, para enlucir con algunas apariencias
este universal cementerio donde se disuelven átomo
por átomo todas las ideas y los sentimientos generosos.

En la historia de todas las decadencias, mejor
diremos, de todas las agonías. Cada civilización, al
igual de cada hombre y aun de cada sér individual
en el mundo, desde el sol a la más humilde hierba
del campo, nace, crece, hasta florecer en la plenitud de sus cualidades, decrece luego más o menos
rápidamente, y se extingue, cediendo al nuevo ideal
que ha de desarrollar a su vez, hasta agotarse en
fases análogas, la espléndida misión para que viene
apercibida de lo alto. Así cumplen la ley de su destino las generaciones, corriendo de unas a otras un
reguero de luz cada vez más encendida: *quasi cur-
sores vitae lampade tradunt.* Así, el calor de los
hombres por una idea no se apaga hasta que su he-

redera comienza a alborear; y la vida renace sin fin
del seno mismo de la muerte. Y sobre este drama
infinito, cuyos episodios, aquí o ahora gloriosos,
allá o luego terribles o vulgares, coexisten en la in-
mensidad del Univer so. Dios vela por cada hombre
y le advierte y corrige; y el Espíritu, la Naturaleza
y la Humanidad le asisten con las inaccesibles fuerzas de su juventud perenne.

La sociedad inaugurada en el Renacimiento, sociedad esencialmente sincrética (que no sintética),
como la Edad Media había sido por demás analítica,
después de haber llegado a su apogeo y consumido
su ideal, se acerca hoy a su término, mediante una
transición apenas perceptible para nosotros, que
—como ha dicho un pensador (1)—«somos de ella
actores, víctimas y testigos». Y esta decadencia y
ruina, cuyos primeros pasos marcan las revoluciones que se inician en el pasado siglo, y bajo cuyo
peso van flaqueando y desplomándose una a una todas las endebles construcciones a que los empíricos
y charlatanes apelan para remediarla, no se verifica hoy suavemente, como vienen la vejez y la muerte del justo, bajo la firme convicción de una mejor
vida, cuya aurora puede ya presentir desde el ocaso de la que entonces abandona, sino que la sacu-
den y afligen, como al hombre mundano en sus pos-
trimerías, la turbación del remordimiento y el terror

(1)   Ríos Rosas: *Discurso* inaugural de 1869 en la Academia de
Jurisprudencia.

a lo desconocido, la desesperación por los bienes que pierde, y la ira y los lamentos, que sólo consiguen hacer más dolorosa la agonía y la transformación más difícil. ¡Oh, y cómo muestra este orden social su inseguridad y su descreimiento, y lo muestra la clase media, su más fiel representante, en la tenaz adhesión con que se aferra a todas sus instituciones, cuyas bases temporales ve minar aterrada, y en el estigma de una execración implacable con que sella a cuantos no consienten en proclamar sacrosantas, inviolables y eternas esta virtud hipócrita y postiza, y esta ciencia indigesta, amontonada para lograr mejor precio en el mercado, y estas fortunas pletóricas, y este fausto insolente, y esta orgía constante, y esta calentura del vivir aprisa, cuyas tremendas pulsaciones no arrancan sino gritos de júbilo a nuestras modernas Babilonias!

III

Tal es el espectáculo que halla ante sus ojos hoy la juventud. ¡Y aun hay quien se atreve a exigirle en nombre del orden social, es decir, de *este* orden social, que, por lo menos, deje en paz a la injusticia y al crimen, cuando no que siga su desbordada corriente! ¡Prudentes consejos de la *experiencia!* Con ellos la envenenan hombres que dicen interesarse por su bien, siendo así que no buscan las más veces sino cómplices y encubridores para sus ex-

travíos.'De la familia, que Dios hizo el primer san-
tuario de la virtud, han hecho esos hombres la primera escuela de la prostitución, construída por la
conveniencia, atada exteriormente por el bien parecer, disuelta en realidad por la corrupción y el
hastío. La leche de la madre es ya dañosa; las lecciones con que comienza a formarse el corazón del
niño son de hipocresía, de afeminación, de envidia,
de vulgaridad, de codicia; y al salir, ya joven, a la
escena más ancha del mundo, erizada de peligros y
de tentaciones, escuchará sonrojado de los labios
paternos que debe ser antes apóstata que mártir, y
una mano idolatradà escribirá en su escudo: *¡Va
quibuscumque viis!* No es éste, en verdad, el siglo
de la madre de los Macabeos.

La juventud vacila; no siempre cae. La fuerza
secreta del porvenir late en su seno. Los más se
estrujan el corazón, hasta dejarlo seco; pero los
mejores presienten bien, sin comprenderlo, que no
es su destino consolidar y explotar la injusticia, sino
arrancarla de cuajo. Huyen avergonzados del miserable sosiego a que se les incita, y lánzanse a la
lucha, ley inexorable para el bueno en estos tiempos crueles, sobre cuya mole ruinosa quisieran
amontonar la indignación de Isaías, de Juvenal, de
Dante, para dar de una vez con ella en tierra. Todos los lamentos, aun los más pueriles; todas las
maldiciones, aun las más inhumanas; todas las utopías, aun las más absurdas, hallan en sus almas un

eco de simpatía, mayor a medida que es más profunda la hostilidad que las voces de ese lúgubre concierto respiran contra lo que les rodea. Así, en la política, desdeñan a cuantos les ofrecen coronar con prudentes reformas el sistema del liberalismo, ora —como los republicanos templados— favoreciendo el desarrollo de sus bases, ora conteniéndolas y aun reprimiéndolas, como los partidos conservadores, y no otorgan su benevolencia sino a aquellos que juran destruir en sus cimientos el Estado contemporáneo. Así, en la religión tampoco hallan consuelo sino declarando la guerra a Dios o al mundo, y repugnando virilmente esas frágiles transacciones con que se aquietan las conciencias acomodaticias para no perder la bienaventuranza en la otra vida y en ésta. Y sobre los escombros de lo presente, ellos prometen a las generaciones aterradas levantar la Jerusalén del porvenir, el más bello y sólido edificio que pudo soñar la fantasía.

Toda esa indignación que amedrenta a los crédulos, todas esas bellas promesas que despiertan en el ánimo el presentimiento de obras más bellas aún, ¿qué valen ante la serena contemplación imparcial del espíritu?

El hecho de la vida, en la delicadeza de su continua transición, pide siempre dos condiciones irremisibles: saber, ante todo, a qué objeto y fin hemos de dirigir nuestra actividad, y saber luego realizar este fin, aplicando nuestras varias facultades. Lo

primero es asunto de teoría, de conocimiento; lo
segundo, de habilidad práctica, de arte. Ahora bien:
¿qué hace la juventud actual para resolver cada
uno de estos dos fundamentales problemas, de cuya
acertada solución y recíproca armonía pende la salud del individuo como de las sociedades, y cuyo
desconcierto es y será siempre en la historia la
primera causa de todas las dolencias espirituales de
entrambos? ¿Ha procurado, antes de romper los di-
ques del hogar y la escuela, y lanzarse a velas des-
plegadas en el torbellino de la vida común, ha procurado, digo, limpiar su ánimo de las contrarias
preocupaciones que lo enturbian, acallar con él con
firmeza el eco de las pasiones del siglo, levantarse
sobre la pequeñez de los intereses sulbalternos,
sobremirar serena su horizonte, y, entonces, reco-
giéndose en una meditación solemne, preguntar
lealmente a su conciencia el divino ministerio de los
mundos y el destino de la Humanidad? ¿Ha intentado, en un severo examen de su propia naturaleza,
hallar los primeros elementos y las bases inmediatas de las instituciones, formar claro concepto de
cada una de ellas y de la trama en que todas se en-
tretejen, y templar en su vista el diapasón eterno a
que ha de consonar su actividad y fuerza? Y viniendo luego a la obra que realiza nuestro tiempo,
¿se ha movido a descifrar, en medio de la infinita
complicación con qué envuelve sus líneas el accidente, sus caracteres distintivos, sus antecedentes

esenciales, sus progresos y sus retropulsiones, el
bien que cumple y el que deja por cumplir, y a hallar
entre las sinuosidades de su corriente el punto crítico donde comienza a desviarse de su natural dirección, hasta detener poco a poco sus perezosas
aguas, que acaban por estancarse y corromperse?
¿Ha estudiado con atención religiosa los medios que
la libertad moral del hombre tiene hoy, como siempre, en su mano para hacer que esta edad moribun-
da, convirtiendo al ideal sus apagados ojos, vuelva
en su acuerdo, se purifique de sus extravíos, sea
fiel a la misión que toda la historia anterior le prepara, y, penetrada del presentimiento siquiera de
una nueva y mejor vida, se disponga sin desesperación y sin remordimientos a una muerte serena que
iluminan promesas celestiales? Y, por último, así
orientada en el plan racional a que ha de ajustar
inflexiblemente su conducta todo hombre de honor,
¿lo pone por obra con abnegación y sacrificio, con
respeto a cosas y personas, con amor universal
humano, con pureza de corazón y voluntad moral
inquebrantables?

Nadie negará seguramente que de estas prendas
se hallan raros ejemplos en nuestra juventud, cuya
situación tan sombríos presentimientos comienza a
despertar en sus progenitores, arrebatándoles su
mayor consuelo y esperanza. Ninguno la ama y respeta más que quien a ella ha consagrado resuelta-
mente su vida; pero no es respeto la lisonja, ni odio

la censura leal. Una voz augusta lo ha dicho: sólo la verdad nos hará libres. En general, las nobles exigencias en cuyo nombre condena ya la nueva generación a la sociedad presente no alcanzan — triste es decirlo—a modelar su conducta. Debiera enseñar a esta sociedad decaída cómo se forman convicciones inflexibles, no teorizando los lugares comunes de los salones o de la plaza pública — que todo es uno —, sino educando laboriosamente el pensamiento en el rigor de la conciencia científica; pero la ciencia de que se paga es sólo un cúmulo indisciplinado de ideas sin consistencia, inspiradas por lecturas y conversaciones superficiales. Le urge tanto lanzarse a la corriente, que no puede detenerse a reflexionar cómo ha de hacerlo. Debiera levantarse sobre la división de las parcialidades históricas, a la unidad fundamental de que blasfeman sin conseguir borrarla, porque es fiel testimonio de la identidad de nuestra naturaleza, que no disolverán jamás todas las malquerencias juntas de las comuniones religiosas, científicas, políticas, sociales; pero tomando, sin discreción, por nulidad la modestia, por descreimiento la caridad y por impotencia la mansedumbre, sólo acierta a ahondar la discordia, alistándose alegre en ella con precocidad abortiva. Y consumiéndose estérilmente en contiendas innobles, al dócil servicio de opuestos bandos, deja que explote y pervierta su natural vehemencia una turba aduladora, ofreciéndole partir con ella el premio de victorias que no pueden menos de entristecerla y humillarla en sus adentros.

He aquí por qué, mientras nuestra juventud no se decida a rendir en el altar de la patria la esperanza de sus medros personales, todos los planes de reforma social, imposibles sin su cooperación, serán ilusorios y frustráneos. En tanto, por más alto que pretenda alzar el vuelo, una inercia invencible la encadenará perpetuamente a la rutina. En vano clamará contra las frívolas opulencias que enervan la vida contemporánea, para correr sedienta después tras la riqueza, el poder, los honores, la gloria, los goces, en fin, que incitan la envidia de los menesterosos, causa de las severas diatribas de más de un cáustico censor, dispuesto a transigir con su conciencia al primer favor de la fortuna. La dureza de su fallo contra sus predecesores no logrará disimular la indulgente misericordia con que a sí propia se trata cuando, hastiada de velar bajo el manto de Catón las ansias de Sardanápalo, rompe ya todo freno y se lanza desesperada a la carrera. Las románticas visiones de una fantasía vulgar, que hiere las cuerdas del sentido y deja mudas las del corazón, son entonces su única delicia; todos los tesoros de poesía que encierra la vida real le parecen muertos y sin encanto; fría la reflexión, árido el pensamiento, necio el sacrificio, enfadoso el consejo, insoportable la censura, y sólo grata la lisonja servil, que toma el disfraz de la amistad para

prestar al vicio su indigna complacencia. Educada
en la apostasía, no se contenta con la negación de
Pedro, si no la acompaña con la traición de Judas;
y al sentir el acicate del remordimiento, ahogará su
vergüenza en un vértigo despeñado, emulando la
vida del bruto, más libre a sus ojos en las selvas
que el hombre bajo el yugo de la razón. Nobleza en
los fines, honradez en los medios, desinterés en los
móviles, honor, dignidad, virtud, son a sus ojos fan-
tasmas y quimeras que engendra la fiebre de otros
nuevos Quijotes. La mano que antes se alzaba
solemne para jurar el exterminio de los dioses del
día solicita ahora vergonzante a los poderosos que
pasan: porque, como el mendigo del poeta, todo lo
desprecia, pero todo lo recibe, y el odio que profe-
sa a los hombres respeta y perdona a sus presentes.

Y ahora considere esa porción animosa de nuestra juventud, de cuyo ardor puede y debe esperarse
algún remedio, si es ésta su vocación; si el presentimiento de semejante vida era lo que la llevaba en
un principio a execrar el espectáculo de nuestra
sociedad desdichada y a no confundir su causa con
la suya; y si las fastuosas miserias a cuyo oropel
sacrifica su destino, valen acaso más para la Humanidad y para nuestro tiempo que la oscura servidumbre donde vegeta sin zozobras la medianía. Re-
verencie hoy la opinión a la fortuna y olvide el me-
recimiento; la conciencia eternamente y la historia
en su día confundirán en un solo anatema la sober-

bia de los rebeldes y la bajeza de los que, al decir
del Florentino, no fueron rebeldes ni fieles *ma per
sé foro*; el egoísmo de la pereza y el de la ambi-
ción; el de la cobardía y el de la audacia; el del silencio y el del escándalo.

IV

A esa juventud inteligente, activa, enérgica, que
quiere vivir, no vegetar, y a quien no arredra la lucha, se le ofrecen dos caminos harto diferentes.
Comienza el uno en la abdicación de todas las ideas
generosas que siente hervir en su espíritu, y conduce a la gloria y al éxito. El otro, fiel a esas mismas
ideas, lleva las más veces a la oscuridad y casi
siempre al infortunio. ¡Y ha de elegir entre ambos!

«Nuestra sociedad—ha dicho un pensador—no
estima ni alaba sino a los que medran; y si algo respeta aún las virtudes, es porque ve en ellas otros
tantos medios de prosperar... Quisiera saber si para
el que carece de fortuna hay manera honrada de
abrirse camino en un país en que todo se vende; necesita intrigar, lisonjear a un partido, ganarse pro-
tectores y encomiastas; y para esto, tener mala fe,
corromper, adular, compartir las pasiones ajenas...
desviarse, en fin, del camino derecho. He visto,
cierto, a hombres de todas las clases y estados elevarse a encumbradas posiciones; pero me atrevo a
decir públicamente que, cualesquiera que hayan

sido los elogios prodigados a sus prendas, y por más que en determinados casos los mereciesen, no he visto subir a los más honrados sino a expensas de algunas de sus virtudes.»

Dura ley es para la juventud haber de optar entre el mérito y la recompensa, frecuentemente divorciados todavía por la injusticia de la sociedad. Mas culpe del rigor de su suerte, no a la naturaleza humana, cómoda excusa contra toda tentativa de reforma, sino precisamente a la pusilanimidad de sus predecesores. Si éstos no se hubieran apresurado a reverenciar la misma tiranía de que murmuraban, la vida sería hoy harto más grata, la virtud más fácil y menor el sacrificio, a cuya divina fecundidad no hay poder que sobrepuje en la tierra. Pero arrojando toda la responsabilidad de sus males sobre un orden de cosas impersonal y anónimo, sin parar mientes en que ellos eran sus más firmes cimientos; disculpando así su corrupción con la del siglo, y prefiriendo antes aprovecharse del mal que remediarlo, lo arraigaron más y más con su cooperación, e impidieron que volviese la vida a su natural y saludable corriente.

Se comprende sin dificultad que el camino del sacrificio sólo a costa de inmensos esfuerzos logre la preferencia de nuestra juventud. No ha sido educada para el Calvario, sino para el Capitolio. Desde la infancia ha zumbado ya en sus oídos el rumor de la emulación *gloriosa*, que nos enseña, como se ha dicho, «a subir y ser en todo los primeros, mientras que la religión, y la virtud, y el respeto a nuestros semejantes nos mandan ser los últimos» (I). La escuela ahogó en la cuna la libre espontaneidad de su espíritu, la ingenua alegría de su corazón y la originalidad de su carácter, estampando dogmáticamente en su entendimiento nociones y palabras sin sentido para él, ni relación con sus hábitos y estado, y modelando a viva fuerza su conducta en el troquel de una rutina arbitraria. Al proseguir su educación ha visto estrecharse más y más su horizonte, y apagarse en la indiferencia de los que la rodean, cuando no bajo el peso de su cólera, cada relámpago de luz con que la razón ha intentado protestar en todas las crisis de su vida contra una pedagogía ignorante. De esta suerte dispuesto, enflaquecido el espíritu, nublada la conciencia moral, inculta la razón y sin norte ni freno la fantasía, sale al mundo el joven a *hacer presa,* y halla en todas partes la misma conjuración universal contra el deber. ¡Qué mucho si, volviendo acobardado la espalda a la naturaleza y el rostro a la prosperidad, ahoga el impulso de su corazón y deja caer como fruto abortivo, falto de madurez y de savia, los puros presentimientos que en más felices días encantaron su ánimo y que agosta la escéptica sonrisa del primer afortunado que pasa!

(I) Bernardino de Saint-Pierre, *Harmonías.*

El estado actual de la enseñanza privada, como las restantes relaciones sociales, de casi toda intimidad real, y convertida al par de éstas en un oficio exterior y mecánico, que atiende sólo a poblar la memoria, o cuando más a aguzar el entendimiento, pero no a formar espíritus rectos y bien sentidos, ayuda eficazmente a tan triste resultado, y alimenta un divorcio entre la instrucción y la educación de que no pueden nacer sino los pedantes de nuestras escuelas o los retóricos de nuestra plaza pública. ¡De cuán otro modo serviría a la humanidad una enseñanza severa, que, lejos de prevenir complaciente con la trivialidad de·sus conceptos la pereza del espíritu inculto y darle con postizos adornos una apariencia mentirosa, lo removiese en sus entrañas, lo reconciliase consigo y excitase en él la fuente de la libertad moral, mostrándole con la palabra y el ejemplo cada vez más anchos y bellos horizontes! ¡Qué influjo no tendría para dar al mundo hombres sinceros, naturales, sobrios, magnánimos, originales, varoniles, modestos, sanos de cuerpo y de alma, amigos invencibles del bien, enemigos implacables del mal, e indiferentes para soportarlo; en vez de estos caracteres falsos y artificiales, crueles y afeminados, consumidos por la fiebre del deseo o por el marasmo de la posesión, soberbios y altaneros en el triunfo, débiles y apocados en la adversidad, y que en sus ideas, sentimientos, propósitos, aspiraciones, conducta, y hasta en su rostro y sus maneras llevan estereotipada la indefinida expresión de la vulgaridad con que sella y deprime todas las relaciones el imperio de las modernas mesocracias!

En semejante conflicto, propio para inclinar el ánimo a presagios funestos, hay quien piensa que la enfermedad moral de nuestra juventud es incurable, y que todos los *sursum corda* de los hombres de bien se estrellarán inútilmente contra la dura epidermis de los Alcibíades del día ¡Blasfemo de Dios, quien tal dice, y de las inmortales tendencias de la naturaleza humana! Una edad que cree ya, por fortuna, en la redención del esclavo y en la rehabilitación del asesino no tiene derecho para desesperar de la juventud. Su hora ha llegado apenas, ¿y hemos de sentenciarla a irrevocable ignominia? La Providencia la trae a la historia en instante solemne: sea la conciencia de su grave destino el mejor escudo de su fortaleza. Un presentimiento sublime ha despertado ya esta conciencia en sus mejores hijos; ellos saben que asisten al ocaso de toda una civilización; entre sus dudas y vacilaciones, jamás esta idea les abandona, junto con el instinto de lo porvenir, al cual vuelven para regenerarse cada vez que, rendidos por la fatiga y cediendo al mal ejemplo, decaen del bien entre el aplauso de sus progenitores.

Sin duda que es heroica empresa la de vivir en la transición quizá más radical y profunda que hasta hoy contemplara Europa: asistir a la aparición del nuevo ideal y a los últimos instantes del antiguo, velar con filial respeto por que éste, hallando entre sus consuelos una muerte digna y noble, responda a su misión sin las corrupciones con que la manchan y deshonran, no la necesidad de los tiempos, ni los planes de la Providencia, sino la malicia y perversidad de los hombres. Inmensa responsabilidod pesa sobre nuestra juventud; demás que el camino del bien no suele estar alfombrado de rosas. Deseche, con todo, el miedo, si en la lucha a que el deber la solicita se ayuda con todas sus fuerzas, como la ayudarán, a no dudar, cuantos por ella se interesan *viribus et armis,* no los que la adulan para que sirva a sus antojos.

En medio de la amargura y ruina de tantas bellas esperanzas, confiemos—¡siquiera para poder vivir!— en que ésta no habrá también de frustrarse. Sólo una condición necesita cumplir la juventud, y la victoria es de la humanidad. Al lema del egoísmo presente, *prius fœdari quam mori,* sustituya el de los hombres de honor: *prius mori quam fœdari.*

1870

TEORÍA Y PRÁCTICA

Frecuente es distinguir las ideas, los primeros principios de las cosas, en *teóricas* y *prácticas*, según que se supone dicen o no relación (o cuando menos relación *inmediata*) al orden de la vida. Pero esta división, en la cual se pretende fundar luego otra correspondiente en la enciclopedia científica, carece de razón: porque los principios más cardinales y profundos, si aparecen ante la contemplación vulgar como más abstrusos, fantásticos y lejanos de la realidad y de la vida, son precisamente los más fecundos: como que contienen a todos los demás y a toda la infinita variedad de sus aplicaciones posibles. ¿Qué mayor ejemplo de ello que la íntima conexión con que el modo de concebir a Dios trasciende a la vida entera del individuo y de la sociedad? ¿Y (en otro sentido) la estricta dependencia que con los primordiales teoremas del cálculo y la mecánica guardan las últimas funciones del ingeniero y el arquitecto? Así como la idea que del derecho se va formando un pueblo en su historia penetra por todo el organismo de sus instituciones, las

determina una por una y se revela hasta en el último pormenor, así esta idea procede en filiación inmediata de otras superiores y anteriores en el orden
jerárquico de la realidad y el pensamiento, y lo mismo que el rábula menosprecia aquel concepto del
derecho, de donde, sin embargo, proviene todo el
material de usos y leyes que él más o menos torpemente maneja, lo mismo sueñan el matemático, el
estético, el naturalista con emanciparse del yugo
(que tal es para ellos) de los primeros principios de
las cosas rompiendo la trama divina del mundo, y
creyendo abrazar más viva y concreta realidad,
mientras más angostan su horizonte.

Culpa, y no leve, de tan irracional divorcio alcanza a la metafísica y a la teología de las escuelas, no menos que a la lógica tradicional. A aquéllas,
por su distinción entre las propiedades *ontológicas,
metafísicas, quiescentes* y las *biológicas* o *morales* de Dios; a la última, por su abstracto dualismo
entre la extensión y la comprensión de los conceptos, cuya más alta fórmula ha venido a resumir de
insigne manera Hegel, proclamando al concepto *sér*
como el absolutamente pobre en realidad («la identidad del sér y la nada»): precisamente porque es el
primero en cantidad y extensión, y, *por tanto*, el
más rico y fecundo. Este sentido, que esconde la
realidad y niega, implícita o explícitamente, la *unidad* (no mera «conformidad») del pensamiento y la
vida, halló también poderoso auxilio en Kant, sin

embargo de aquel noble esfuerzo con que se subleva contra «el lugar común de que una cosa pueda ser verdadera en teoría y no en la práctica» (1): lugar común que, sin embargo, es sólo una aplicación inadvertida y al uso vulgar de la insoluble dualidad que caracteriza a todo el criticismo, desde Kant a Spencer (2).

Pero si, reconociendo el valor práctico de *toda* idea, se pretende que las hay «más inmediatamente» prácticas que otras, esta calificación no podría aplicarse, en todo caso, sino precisamente a las primeras y superiores. En efecto: contra lo que suele pensarse cuando, según el dicho de Bacon, «vemos sólo los árboles y no el bosque», a medida que ascendemos en la jerarquía de los principios, hallamos mayor riqueza de aplicación y valor usual, como hay más agua en alta mar que en la orilla. Así, tan práctica como todas, pero menos fecunda en consecuencias, es cualquier idea subordinada por respecto a las superiores en que se contiene.

Verdad es que, en el lenguaje común, uno de los conceptos más equívocos es el de lo práctico y la práctica. Pero estudiando atentamente su sentido,

(1) *Fragmentos de Derecho natural.*
(2) ¿Puede llamarse criticismo la filosofía de Spencer? (No digo la de Vacherot.)—Depende de la concepción que nos formemos del criticismo. Aquí se toma de un modo parcial, desde el punto de vista de la identificación de lo real con el fenómeno, dejando frente a éste el mundo ideal y universal a que no pertenece el predicado de la realidad (1915).

y descartadas las acepciones bastardas o singula-
res, se advierte que este nombre se refiere sólo a
la acción en el mundo exterior. «Vida práctica»,
«esfera práctica», por oposición a otras vidas y esferas, vale tanto como obra que no queda (por completa que esté) dentro de nosotros, en nuestro interior, sino que trasciende y se realiza en el mundo y
en la sociedad. Sin este elemento de lo exterior
que para nada hace falta en el concepto realista de
la práctica (el cual abraza así lo exterior como lo
más íntimo), ese concepto se desvanece, sin embargo, en el uso común. Y tan profunda raíz tiene esta
parcialidad (perfectamente explicable sin duda),
cuanto que todavía Fichte (1), en suma, no procede
de otra suerte, al limitar el objeto de la Ética a «la
acción exterior en la Naturaleza»; como si sólo de
ésta es de donde viniese el valor ético al contenido
de la obra humana.

Espíritus movidos del anhelo por acabar con
este irracional divorcio entre teoría y práctica, ima-
ginan cumplirlo representándose la relación entre
ambos términos como una aplicación de reglas abstractamente uniformes a la individualidad y riqueza inagotables de la vida. El pintor que pide a la
estética recetas para hacer buenos cuadros, es uno
de los infinitos ejemplos que pudieran citarse. Pero
la estética de la pintura establece cánones, cierta-

---

(1) *Derecho natural.*

mente, *absolutos*, en todo el rigor de la palabra, contra los cuales no hay belleza posible en este arte; mas ¿quién, sino el artista mismo, podrá derivar las reglas inmediatas de conducta que, *según dichos cánones*, procede observar en cada determinado momento? Para esto son el tacto, la viva intuición, el talento, la inspiración, en suma, los diversos grados de aptitud artística, hasta de genio. Todas las poéticas del mundo no harán un *Quijote*, ni todos los libros de Derecho juntos, un Cavour: por más que, sin ellos, ni político ni poeta sean posibles, verdaderamente dignos de estos nombres.

Sin duda, conocer el fin y ley fundamental de la vida es la primera condición para debidamente realizarla; pero condición y no más; no *causa*. Aquí radica el valor inmenso del conocimiento y aun la mera instrucción para la educación y cultura del individuo y de la sociedad, y juntamente el límite de lo que puede y debe esperarse de ella, en general del conocimiento, y, por tanto, de la ciencia misma. Los principios no vienen por sí solos a la vida: en este sentido, nada más justo que la nota de impotencia práctica que a las ideas así entendidas arroja con sumo tino un filósofo contemporáneo (1). De igual manera que, sin las fuerzas y procesos específicos naturales, fuera inútil empeño el de buscar una como realización mística del llama-

_____

(1) Lotze, en su célebre monografía sobre la idea de la *Vida*, en el *Diccionario* de Wagner.

do «tipo normal» y director en el individuo físico, ni hablar de «ideas naturales» (1), así, la infinita riqueza y fecundo valor de los primeros principios de la vida moral son letra muerta si no pasan de puros pensamientos en *abstracta* generalidad. Mientras el hombre, a semejanza del legislador en la esfera jurídica, no quiere o no sabe derivar de la contemplación de esos principios absolutos la fórmula particular que en cada caso constituye su expresión viva y concreta; mientras no se deja interesar y mover por esa fórmula; mientras el poder ejecutivo de la voluntad no se resuelve a ponerla por obra, puede, en verdad, pensar y discurrir grandes cosas: jamás espere hacerlas. El divorcio entre la convicción teórica, por sincera que la supongamos, y la conducta que debiera concertar con ella, estallará al primer conflicto grave entre su honor y su interés, o sus afecciones, o la opinión, o su propio irracional deseo. La inteligencia, por sí misma, da luz, no calor. Aquello sólo que es recibido en la unidad y plenitud de la conciencia, y convertido ya como en sangre, penetra y circula y se difunde por todo nuestro sér como alma de la vida, aquello sólo es capaz de gobernarla rectamente, con espontaneidad, mediante reflexión en su caso, y siempre sin violencia.

¡Cuántos científicos, y aun filósofos, cuyo pen-

---

(1) Schelling, Fichte (hijo), Henle, Claudio Bernard, etc.

samiento bien adoctrinado se cierne sobre inmensos horizontes, viven en medio de tinieblas, sin aprovechar la claridad radiante con que a tantos otros guían por mejores senderos! Héroes en el pensamiento, vulgo, y aun menos, quizá, que vulgo, en los demás, comprometen ante las muchedumbres el valor de principios que ellas, con su inocente lógica, piden ver honrados ante todo por sus propios apóstoles. A no ser por la riqueza y complejidad de nuestra vida psíquica, bastaría conocer la verdad para seguirla en absoluto; el más sabio sería también el más noble, y el más virtuoso, y hasta el más agradable entre los hombres. Holgaría el *video meliora deteriora sequor*.

La aptitud, sin embargo, para esta asimilación de los conceptos en forma de un sentido inmediato y universal de la vida no es idéntica en todos. Espíritus hay, que podríamos llamar *intelectualistas*, firmes y sanos en concebir, pero en los cuales las ideas experimentan angustiosa dificultad para trasformarse en principios e inspirar la conducta; hombres desconcertados, que parecen hechos para la definición de Bonald: «una inteligencia servida (más bien diría «acompañada») por órganos», y en quienes sólo una esfera ha logrado educarse—a medias—, hallando repugnancia en abrirse por entero y con todo su ser a la verdad. Uno de éstos puede bien ser quizá filósofo, como Bacon; naturalista, como Cuvier. Así es la vida.

Pero otros, dotados de un carácter construido y consolidado, que diríamos en unidad, no se satisfacen con el puro pensar, sino con el armonioso juego de todas sus potencias. La verdad de sus discursos; la rectitud de sus móviles; la pureza de su sentimiento; su ánimo sereno en la adversa fortuna; la firmeza de sus propósitos; el arte en el obrar; la medida y la moderación y el respeto a cosas y personas, dan una belleza, un atractivo, una poesía a esos espíritus, cualquiera que sea el alcance de sus fuerzas, que jamás iguala el aturdido sabio, a veces superior a ellos en inteligencia y en la obra que con ella produce, pero inferior siempre, *como hombre*, a cualquiera de esos que, aun en el límite de la medianía, están seguros de no perder pie en el cieno de la vulgaridad.

¿Qué es la vulgaridad? La dictadura del egoísmo, la servidumbre de la rutina y la indiferencia por las grandes cosas. No es la ignorancia, ni la escasez de inteligencia, no es la cortedad de vista intelectual, sino la de horizonte. El hombre vulgar puede ser discreto, culto, dotado de talentos, genial y hasta retumbante en la sociedad; pero el nivel en que se complace su espíritu no se levanta sobre las cosas pequeñas, o, por mejor decir (pues lo infinito lo penetra todo y lo engrandece), sobre una contemplación pequeña de las cosas. Llama a la abnegación candidez, locura al sacrificio, a la lealtad torpeza, o vive al menos cual si se lo llamara, y perpetuamente embebecido en el culto de los más triviales intereses, ni su propio espíritu se salva de aquel desdén universal hacia todo lo superior, de que apenas se sabe y que se ampara y excusa con el ejemplo de otros tantos. Colabora a la historia, como el pólipo a la edificación de los continentes, sin darse cuenta de ello. Sólo conoce lo que le aprovecha, y, en los conflictos en que las almas se destrozan, se aparta confesando que él «no es de la raza de los héroes».

Pero de «héroes» no hay raza: todos podemos y debemos serlo. Todos lo somos, con sólo romper el yugo de la vulgaridad.

1877

SPENCER Y LAS BUENAS MANERAS

I

En la *Revista de Westminster* publicó hace algún tiempo el filósofo inglés Mr. Heriberto Spencer cierto interesantísimo artículo sobre *Las maneras y la moda*, en el cual se pronuncia decididamente contra la tiranía que, a su entender, ejerce la sociedad en la esfera a que alude el epígrafe del mismo, abogando con la mayor energía en pro del que llama espíritu *no conformista*, que —dice— representa en este orden de cosas la independencia del individuo contra la restrictiva opresión de los usos sociales.

Conviene advertir, ante todo, que, según este pensador, la libertad y la autoridad, la libertad y la ley constituyen una antítesis insoluble. La autoridad, el Gobierno, la ley, no son los custodios de nuestra actividad, franca y dueña de sí propia, sino otros tantos límites más o menos necesarios, según los tiempos, que coartan el movimiento de nuestra voluntad, reduciendo su esfera e imponiéndole pro-

hibiciones que, en rigor, son incompatibles con sus
naturales derechos, aunque legítimas para mantener
por medio de la fuerza la paz pública, mientras los
hombres no aprendan a mantenerla por sí mismos,
obedeciendo a la razón. Así, el bello ideal del gobierno de las sociedades cultas sería inevitablemente
el no gobierno, la *an-arquía*, tomada esta palabra en
el sentido técnico que, por ejemplo, le daba Prou-
dhon. El hombre digno ya de ser libre no ha menester que la autoridad del magistrado, o la del sacerdote, o la de la opinión, refrene sus pasiones salvajes y lo contenga en el respeto de la justicia, de la
moral, ni de las buenas maneras.

Antes de seguir, permítasenos una breve observación sobre la teoría que precede. Se comprende
que, allá en los tiempos de Rousseau, bajo la presión de los conceptos romano-naturalistas, restaura-
dos y prodigiosamente desenvueltos por Grocio y
los pensadores de su escuela, y sublimados por
Kant, manifestación más profunda y científica del
mismo germen que el *Contrato*, se estimase que la
sociedad (o más bien, el Estado) y el individuo (o
más bien, cada uno de los miembros de aquélla: individuo, corporación, etc.) se desenvuelven en razón inversa, por donde tanto gana cada uno de los
términos de la antítesis cuanto pierde el otro. O
que, cediendo a la defectuosa concepción, romana
y escolástica a un tiempo, de la libertad como pura
facultad indiferente de hacer lo que se quiera, esto

es, como mero albedrío, se estableciese idéntica relación entre esta potencia anárquica y desorganizadora —así entendida— y la ley, en que rehusaba considerar la norma interna, esencial, inmanente en la libertad misma, el tipo de la actividad en ejercicio. Pero cuando una dolorosa y ya larga experiencia ha puesto de relieve, aun para los más apasionados, los vicios de esta concepción, así en su matiz autoritario, como en el revolucionario, como en el doctrinario (que pretendía combinar y limitar mutuamente los dos opuestos principios); cuando, pasado ya el tiempo en que fué ciertamente útil para destruir las trabas que entorpecían el movimiento de la vida social, los artificios de la antigua organización, ha manifestado su incapacidad para destruir un orden positivo más racional y completo, admira que aquella antítesis haya podido encontrar eco todavía en un pensador tan insigne, a impulso quizá, más que de preocupaciones filosóficas, del peso de la tradición, harto eficaz siempre aun en espíritus enamorados de la independencia, de la originalidad y hasta de la extravagancia.

Nacen de aquí consecuencias importantes, que disminuyen la eficacia del estudio de Mr. Spencer. Así, por ejemplo (y entramos ya en materia), sería difícil hallar en ese estudio un criterio para distinguir los usos que reputa esencialmente malos y que deben, por tanto, siempre proscribirse, de aquellos otros cuya prohibición nace sólo de falsas convenciones sociales; contentándose con afirmar que el *laissez faire* distinguiría ambas especies natural-mente y por sí mismo. Y si a renglón seguido añade que las acciones reprensibles, desde el punto de vista de las maneras, son aquellas que envuelven algo repugnante para los demás, este carácter no es suficiente, ni con mucho, para aquella distinción: ya que esa repugnancia varía constantemente en razón de la idea que cada época y cada civilización se forman de las cosas. El aseo, ¿no ha sido condenado por ciertos místicos y aun santos, y hasta por huraños filósofos, como una especie de sensualidad y pecaminosa atención, ora a nuestro cuerpo, ora al aplauso y gusto de nuestros semejantes? ¿Y no tienen el escupir como un signo de amistad y de honor algunas tribus? Y, sin embargo, aparece tan claro (hoy para nosotros) el contrasentido de este modo de ver, cuanto que Mr. Spencer mismo alega la suciedad y el vicio de expectorar ante las gentes como casos particulares de aquella descortesía «esencial» que debe siempre evitarse.—¡Dios lo oiga, por cierto, en España!

Y es que el autor, fiel al *apriorismo* idealista que caracteriza su genial, pero nada menos que severo sistema, propende manifiestamente a dividir la realidad en dos reinos: el de lo absoluto y el de lo relativo, y a divorciar, por tanto, lo eterno y lo histórico (cual antes la necesidad y la libertad) en este punto de los usos sociales. Como si lo primero se reconociese *per se* fácilmente en todos tiempos y por todos los hombres, sin más que dejar en libertad a las gentes para que sigan en sus hábitos el dictamen de su opinión personal; análogamente a como los antiguos economistas creían en la justicia necesaria de las transacciones, tan luego como se suprimiesen las trabas legales del mercado. No repara, por cierto, que aquella manera de ver lleva implícita una confianza en el testimonio objetivo, universal, absoluto de la conciencia, que ni aun indirectamente parece fácil de avenir con las teorías de la evolución y de lo relativo, tales, cuando menos (y esto basta), cuales el autor mismo las entiende.

Ni se compagina mejor, de otro lado, con estas teorías semejante disgregación entre lo permanente y lo mudable. Pues si la base de este último elemento, de los hechos, de lo variable, no ha de ponerse en el fondo esencial, sino en el mero acaso, ¿cabe hablar de evolución social, y legitimar cada forma de civilización como un momento necesario de la Humanidad en su historia? Semejante legitimación es, sin embargo, uno de los principios que mister Spencer, con Lilienfeld y otros pensadores (aunque prescindamos de los más extremados, verbigracia, de Kirchmann y Hellwald) oponen precisamente contra la existencia de un ideal y criterio absoluto en moral, en religión, en derecho; en suma, en todas las esferas de la conciencia y de la vida.

Lo cierto es que los usos y maneras sociales de

cada época, y los nuestros, por tanto, son, como su
arte y su economía, su política y su Código penal,
la expresión adecuada de su sentido, de su modo de
representarse las varias relaciones en que se desenvuelve. Ahora bien; este modo resulta, a su vez, de
la acción de dos factores: uno, interno, a saber: la
idea e intuición de la vida que halla en sí mismo
cada hombre, como cada pueblo; otro, el concurso
de circunstancias, ya antecedentes, ya concomitan-
tes, que junto con el carácter peculiar del sujeto
determinan, por decirlo así, el ángulo, bajo que le
aparece aquella idea, la forma, limitada en que se
encarna: el ideal, en suma, que inspira sus diversas
manifestaciones. Pues ninguna sociedad, como ningún individuo, viven en puro error, sin razón y a capricho; de tal suerte, que aun en el fondo de las
mayores y más atroces muestras de barbarie (verbigracia, la antropofagia, la esclavitud, la pena de
muerte), se halla siempre un elemento ideal, una
como vislumbre de razón, desfigurada y mal inter-
pretada, sin duda; mas por la cual pueden al fin y
al cabo mantenerse usos, instituciones, preceptos
que, tomados a la letra, son verdaderas abomina-
ciones.

No es, pues, el mero albedrío la potencia que
gobierna las maneras sociales. Precisamente, el
autor mismo, en sus interesantes estudios socioló-
gicos, viene a reconocerlo implícitamente, v. gr., en
la historia del saludo; si bien no deja de ofrecer

materia de discusión el carácter de inferioridad y aun servilismo (que, sin razón bastante y llevado tal vez de ciertas preocupaciones teóricas, atribuye a esa manifestación, ya de cordialidad, ya de respeto). Pero, sea de este ejemplo lo que quiera, el justo empeño de Mr. Spencer viene a mostrar, como enseñanza verdaderamente preciosa desprendida de su análisis, que actos, al parecer insignificantes, tienen su historia interna, nada accidental, merced a la que alcanzaron en su día una representación, hoy ya borrada y de que apenas queda algún vestigio ¿Cómo, pues, reputar engendro de caprichosas convenciones tales o cuales prácticas sociales?

En buen hora que, cuando las cosas pierden su significación, llegando a hacerse inútiles, se modifiquen; y la cruzada del discreto moralista en pocos pueblos será tan indispensable como en el suyo, donde no es el saco de lana del Lord Canciller y las pelucas de los magistrados lo que hay que trasformar y adecuar a las necesidades modernas. Pero esta reforma exige el reconocimiento, no sólo de la impropiedad de los antiguos usos, sino también de su razón de ser, de los principios, más o menos acertados, que les dieron origen, así como de las causas por que todavía se mantienen. De otra suerte, jamás se puede estudiar con seguridad el mal, ni indagar el remedio, ni aplicarlo con verdadera eficacia.

Ahora bien: este último punto, el examen de los

motivos que conservan en vigor una costumbre ya
sin sentido, se halla descuidado, por lo general, en
el trabajo del pensador inglés.

Así, no puede menos de extrañar cómo al censurar que haya un traje negro uniforme para los actos que se estiman de mayor ceremonia y en los
cuales se vituperaría que un hombre se presentase
«con la misma levita que pareció muy bien por la
mañana», olvida la razón de haberse introducido el
uso de aquel traje y de que persista todavía en las
naciones cultas.

Cierto que, internamente, nada tienen de común
la forma del frac o el color del pantalón con la naturaleza de las circunstancias en que los vestimos.
Pero, después de todo, ¿sería fácil hallar mayor
homogeneidad entre una serie de manchas de tinta
y un trozo de música, o entre una moneda y el servicio, v. gr., del profesor o el abogado? ¿Qué relación necesaria media, acaso, entre la nacionalidad
española y los dos colores de su actual bandera?
Aun podría decirse que esta heterogeneidad es de
rigor en todo signo, respecto de la idea por él sig-
nificada. Y tal o cual traje, tal o cual color, gene-
ralizados por la costumbre para denotar la índole de
determinados sucesos, ¿son otra cosa que signos?

A pesar de esta primordial extrañeza entre el
signo y lo significado, ninguna de aquellas relaciones es meramente convencional y arbitraria: no lo
es la del lenguaje, por ejemplo, en cuya esfera, el

sentido de las palabras, ni se establece, ni varía sin motivo alguno. Pues no de otra suerte acontece con el vestido, ninguna de cuyas modificaciones deja de tener su causa histórica. Así es como precisamente el frac y demás prendas del *evening dress* se han introducido obedeciendo a un espíritu democrático, que podrá tener ya otras exigencias, pero que no cabe desconocer. Es, en primer término, un traje común e *idéntico* para los hombres de todas las clases sociales, antes distinguidas entre sí, en tiempos nada remotos, en los que, según es sabido, aun el uso de ciertas telas era privilegio de los nobles. Hoy hasta los criados lo visten, igualándose con sus amos y sustituyendo gradualmente la depresiva e histórica librea por ese hipócrita nivelador de nuestro siglo.

Ese traje es, además, un traje *barato*. Compárese, en cualquiera de nuestras *soirées*, la suma que representa el actual vestido de los hombres con la que representaban las casacas bordadas de hace cien años; o ahora mismo, con lo que cuestan los uniformes de gala de nuestros altos funcionarios civiles y militares; o los de la servidumbre áulica; o, en fin, con los trajes de las damas que asisten a una recepción, en la cual, no obstante el amor de míster Spencer a la variedad, dudamos mucho le complazca verla conseguida a precios tan verdaderamente irracionales.

Por último, y omitiendo otras consideraciones,

todas las sociedades cultas tendrán un traje uniforme de ceremonia, hasta tanto que el hombre de las
diversas clases cuide ordinariameute de su persona,
vestido y maneras con tal esmero y respeto para
consigo mismo y para con los demás, cuales suele
emplear en los momentos más solemnes de su vida,
o que revisten a sus ojos cierta excepcional importancia. En un país, de poco tiempo acá iniciado en
los albores de la civilización europea (1), se ha visto
el rey punto menos que obligado a restablecer el
requisito del frac para todos cuantos van a visitarle,
aun a las horas en que menos costumbre hay de ves-
tirlo; porque, tan luego como abolió esa prescrip-
ción, vió invadida su casa por personas que, a pesar
de su alta categoría, se presentaban, no ya en los
trajes más impropios, según los usos generalmente
recibidos—que este pecado de extravagancia, no
exento de cierto menosprecio a los demás, hallaría
fácil gracia ante Mr. Spencer—, sino en tales condiciones de descuido, que harían desear, en obse-
quio a la estética y la higiene, el establecimiento
de baños y lugares públicos de aseo (*ça va sans
dire,* obligatorios) para los más insignes personajes
de aquella sociedad y aquel Estado.

Se comprende este hecho, menos frecuente y
llamativo, sin duda, en Inglaterra, uno de los pueblos donde la gente se lava más, y más se respeta en

---

(1) El nuestro: el hecho lo he oído referir a personas que fre-
cuentaban los círculos palaciegos.

el mundo—ideas ambas perpetuamente indisolu-
bles en la historia; pero que allí y en todas partes
subsiste con la bastante generalidad para que el
autor no lo diera al olvido. Mientras que, por falta
de cultura, constituya para tantos seres racionales
un verdadero acontecimiento anormal, grave y solemne tener que presentarse limpios y decentes, y
comedidos, se conservará el uso de un traje especial que imponga a los reacios puntual obediencia
a aquellos deberes de cortesía, de dignidad, de mesura y hasta de profiláctica, que, a lo menos de vez
en cuando, conviene recordarles. ¡Dios nos libre del
día en que, abolido el «traje de etiqueta», sin abo-
lirse la grosería que, so color de llaneza y confianza, presiden aún por desventura a las relaciones
usuales de la vida, se crean dispensados muchos individuos de asearse una vez por semana, o por mes,
o siquiera por año! ¡Bendita mil veces esa prosaica,
vulgar y democrática semichaqueta, que todavía
sirve de saludable freno a lo que discretamente llama un novelista español «la plebe de *todas* nuestras
clases sociales».

II

Falta en el trabajo de Mr. Spencer una explicación muy necesaria, sin embargo: la de aquello que
entiende por «buenas maneras». Pues si dice de
ellas que «se refieren al pormenor de nuestra conducta para con los demás», este concepto es tan

vago, amplio e insuficiente, que, lo mismo que a las buenas maneras, podría aplicarse a la benevolencia, o a la formalidad, o a cualquier otro principio de los que gobiernan las relaciones sociales. Además, es dudoso que las maneras se exijan sólo en estas relaciones, sobre todo si en ellas se han de comprender condiciones como la del aseo, tan preceptuada por respeto a la higiene y a nosotros mismos, cuanto por el que debemos a los otros. La teoría de Mr. Spencer podría autorizar, mal entendida, la de esas gentes que, cuando nadie las ve, no se lavan, ni mudan de camisa y comen «con toda libertad» —que suelen decir ellos—. Teoría, por cierto, muy en boga en los pueblos atrasados (v. gr., en España). donde el dinero que haría falta para una vida confortable se guarda para las cosas de visualidad y aparato; desde las corporaciones docentes, que gastan en ostentosos paraninfos, frecuente sonrojo del arte, lo que economizan en libros y otros medios de enseñanza, hasta los particulares, que encargan a Prévot el mobiliario de sus salones y a cualquier bodegón el *menú* de su mesa.

Las maneras, pues, no se refieren exclusivamente a nuestras relaciones sociales; pero tampoco podrían por esta sola nota distinguirse de otros diversos órdenes concernientes a dichas relaciones, según ya se ha indicado; la característica de las maneras debe, por tanto, buscarse en otra parte. Cuál sea ésta, lo indica hasta cierto punto el nom-

bre. En su más amplio sentido, «maneras» no dice
una especie peculiar de actos, sino la forma como
éstos se realizan. Así, hay buenas y malas maneras
de hacer toda clase de cosas: de hablar, de saludar, de tratar a las gentes, de conducir un negocio
(actos éstos de relación social); como de comer,
andar, vestir, bailar, llevar un carruaje o montar a
caballo (actos individuales exteriores); o de pensar,
sentir, proponerse tal o cual cosa (actos individuales internos), en suma, de vivir y obrar en todos
los órdenes sin excepción alguna. En el fondo, tampoco tiene otra significación la palabra «modales»,
que, con las necesarias reservas, podemos aquí
tomar como equivalente. Sin duda, que este resultado no basta para definir las maneras; mas sí para
afirmar que su concepto, lejos de referirse al *contenido* especial de nuestros actos, expresa, por el
contrario, una *forma* de hacerlos; de suerte que si
con esto sólo no sabemos aún cuál sea ese concepto, sabemos que *no* es el que Mr. Spencer ofrece;
y ya es algo.

Para hallar ahora más positiva y decisiva conclusión, se necesitaría un análisis verdaderamente
filosófico (aunque a muchos sorprenda la palabra);
análisis por extremo complejo y superior al propósito del presente artículo, el cual no pretende sino
llamar la atención sobre este concepto y sobre tal
cual aserto controvertible que haya podido deslizarse en el interesantísimo estudio del pensador

inglés, por si estimula de tal modo a dilucidar con mayor detenimiento un problema cuya importancia excede a lo que pudiera imaginarse. En efecto, merced a la íntima unidad del ser humano y a la continua acción y reacción que en él ofrecen lo interior y lo externo, reobra siempre esta última esfera sobre aquélla, asimilándose poco a poco en su evolución el espíritu todos los progresos realizados en lo que a primera vista parece más insignificante y ajeno a nuestra vida íntima. Recuérdese, que no ya en la educación del niño, sino en la de los hombres de todas las edades, esta acción, que podría decirse de fuera adentro, es la única mediante la cual puede estimular un individuo la reforma interior de otros; y considérese, en particular, hasta qué punto el aseo, la compostura exterior en la voz, el ademán y el gesto, el cuidado en todo cuanto se refiere a la manifestación de nuestro sér, son influjos de los más poderosos para aquella reforma, cuyo ritmo acaba por responder al que a dichas manifestaciones imponemos.

Pero, volviendo a nuestro tema, si la cuestión de las maneras es por extremo interesante, su interés crece en épocas como la presente, de rápido incremento para el espíritu democrático. A causa de la funesta división que viene reinando entre las clases, las más acomodadas aparecen ante las inferiores sin otras excelencias que las de su posición exterior, no pocas veces adquirida sin esfuerzo alguno por su parte; y sus maneras, como caprichosas ceremonias, hijas de la vanidad y del afán por mantener a distancia a cuantos no se hallan iniciados en las futilidades con que defienden su falsa supremacía los elegidos. En este respecto, puede también decirse lo que Mr. Spencer con razón declara a otro propósito, a saber: que el Código complicado de las maneras convencionales y absurdas aleja de la sociedad precisamente a aquellos que más necesitarían de su trato, empujándolos hacia otros placeres dañosos, pero al fin y al cabo más reales, por represibles que sean, que los insípidos con que los salones les brindan. Así, ambas partes pugnan con igual animadversión por fortalecer las artificiales barreras que mutuamente las dividen; vícianse los unos por falta de naturalidad, los otros, por rudeza y grosería; crecen entre todos, con la distancia, el despego y el desconocimiento recíproco, y el desdén y todos los malos sentimientos que aceleran las catástrofes sociales. Las clases antiguas poseen, en este monopolio de las buenas maneras, un arma, siempre poderosa, que no se embota ciertamente porque otorguen igual consideración a un uso racional y a un contrasentido; y el ridículo, sanción penal impuesta a los profanos, obra con la bastante energía para que sea muy contado entre éstos el número de los que no se sonrojan de su ignorancia, ni temen aparecer como advenedizos.

Por otra parte, toda repentina irrupción del ele-

mento popular en las esferas superiores sociales, y
señaladamente en el Poder político, que es donde
son más rápidas, porque es tal vez la única cúspide
social adonde todavía se llega a viva fuerza —como
se llegaba a la riqueza en otros tiempos—, va acompañada de una explosión de odio contra las buenas
maneras, de una apoteosis de la grosería y de un
gusto plebeyo e innoble, eterno compañero de las
demagogias triunfantes. Verdad es que, a poco, las
necesidades de la vida, el hábito del mando, el roce
con las otras clases, la torpe vanidad de los que se
afanan por imitar sus despilfarros, sin su distinción
y cortesía —sobre todo, después que, refrenada la
primera embriaguez de la victoria, satisfechos el
espíritu de rivalidad y la codicia, va cediendo el
primitivo encono y entrando el espíritu en más humanos y razonables sentimientos—dulcifican el contraste entre las nuevas clases gobernantes y las
antiguas, con las cuales acaban a la larga por fundirse. Pero esta gradual y lenta aproximación no
logra reparar tantas faltas como comprometen la
suerte de las revoluciones (ya harto comprometidas
por su propia naturaleza), ridiculizan y desprestigian su triunfo, y alejan violentamente de las nuevas ideas a individuos y masas enteras, que no son
siempre responsables de su corta educación intelectual y política, merced a la cual se representan
como inseparables la grosería y aquellas ideas a
que en mal hora acompaña.

Conviene advertir, que sea cualquiera la complexión de elementos que hayan determinado en una sociedad la decadencia política de la aristocracia, siempre pueden todos reducirse a una causa primera: la pérdida de su superioridad. Ninguna clase llega al Poder sin merecerlo, sino por descollar en aquello que el criterio de cada época prefiere, ni lo pierde sino por su culpa. Y como en las clases acontece (al igual de las naciones) que el momento de su culminación en un determinado orden da necesariamente la señal de su apogeo en todos (aunque sobresaliendo en el de su peculiar vocación), no cabe que una aristocracia decaiga en sus virtudes, o en su cultura intelectual, sin decaer en la integridad de su vida. Más lentamente en tal o cual esfera, con mayor rapidez en tal otra, al cabo y definitivamente en todas cae: desde la moralidad hasta la fuerza física, desde la fortuna a las maneras; concluyendo por tornarse no sólo ignorante, viciosa, pobre, inútil, sino ordinaria y chabacana: «acabando en punta» —que decía Cervantes.

Desde luego, se comprende que la gradación, según la cual van extinguiéndose estas energías, es la de su importancia. Así, cuando ya la inteligencia se embusca y la moralidad declina, todavía se refleja un último rayo de la grandeza pasada en las cosas secundarias, en el *sport*, o en las maneras; hasta que destreza corporal, modales, buen gusto, todo sigue la común ruina y se precipita en la vul-

garidad, que es la nada de las clases sociales, tan
luego como pierden su personalidad e importancia.
A estas aristocracias ya espirantes en sus últimas
manifestaciones, se refiere Mr. Spencer en la admirable pintura que (con sentido harto diverso) hace
en su estudio, de aquellos que se atribuyen la dictadura de la moda, como último vestigio de una
supremacía que ya no merecen «por la firmeza de
su carácter, ni por su inteligencia, ni por su mérito
superior, ni por su gusto delicado, y que no son los
más influyentes, ni los más cultos, ni los más refina-
dos, ni los de más talento, ni siquiera los de mejor
presencia; diezmados por la anemia física y moral,
que rápidamente los hace retroceder a la penumbra
de la impotencia, la trivialidad y la muerte».

Por esto, cuando los primeros pensadores, artistas, políticos, poetas· de Inglaterra van saliendo
de familias oscuras, insignificantes, anónimas, con
tanta frecuencia, por lo menos, como de las que
llevan refulgentes apellidos históricos, y los caba-
llos de los banqueros de la *City* ganan también los
premios del Derby, y la juventud, rica de vida y de
energía, y emancipada ya de la miseria, puede estudiar en Londres como en Oxford, y no necesita
ir a aprender en Eton los ejercicios corporales,
bien puede asegurarse que el imperio de la antigua
nobleza se halla seriamente amenazado. ¡Ay de
ella el día en que por completo deje de preceder a
las demás clases en magnificencia y esplendor,

destreza y valentía, en el *comfort*, refinamiento y
elegancia de la vida privada y la cortesanía en sus
relaciones personales, como ha dejado de preceder-
las en saber, moralidad y patriotismo: en suma,
cuando el ideal del *gentleman*, modificado y engran-
decido, sin duda, al tenor de nuevas exigencias,
haya de buscarse en otros centros que en Belgravia,
Hyde Park o Piccadilly!

III

Pero a todo esto, ¿qué ha sido del concepto de
las buenas maneras? Cuando menos, las consideraciones precedentes pueden haber mostrado que, por
mucha que sea la atención que hoy consagren los
pensadores, como Mr. Spencer, al estudio de este
linaje de cuestiones, jamás será excesivo. Aunque
la fundación de la nueva ciencia social no hubiese
tenido mayor resultado hasta ahora que el de hacer
entrar en su esfera, revistiéndolos de carácter científico, problemas hasta hoy desatendidos por faltar-
les esta condición y relegados a la de asuntos pinto-
rescos de la curiosidad, del ingenio o de la fantasía,
debiera saludarse con júbilo un suceso que abre nuevas esferas al espíritu indagador de nuestro tiempo,
el cual pugna por encontrar el signo de la razón en
la compleja trama de los fenómenos sociales.

Si la palabra «manera», en general, indica
modo, forma de hacer las cosas, y se aplica a todos

nuestros actos, interiores o externos, sin excepción
alguna, recibe, sin embargo, esta palabra un sentido específico cuando se la emplea sola y en plural,
sin referencia a tal o cual clase de hechos. Cuál
sea este sentido, requeriría un análisis más prolijo
de lo que ahora es posible: por donde nos limitare-
mos a tal o cual indicación que, sin la mira de exponer dicho concepto en su cabal integridad, pueda
tal vez contribuír a que otros se interesen en dilu-
cidarlo. Por lo demás, no es otra la historia de
todos los conceptos en el proceso intermedio de
su formación: cada cual va hallando una nota, ya
pretenda aducirla como expresión del concepto
entero, ya se limite a afirmar que pertenece a éste;
dejando para tiempos ulteriores, cuando se haya
logrado acumular mayor suma de datos, investigaciones y análisis, que todas esas notas se concier-
ten a fin de dar al problema solución cumplida.
Ahora bien; la historia de esas reflexiones parcia-
les sobre la idea a que nos referimos es tan reciente y los materiales tan exiguos, que no sería fácil
coordinar todavía esos materiales en una definición
rigurosa.

Algunas de estas notas parecen, con todo, bastante seguras para poder alegarlas sin ligereza.
En primer lugar, las maneras, en el sentido específico y técnico (que se podría decir) de la palabra,
se refieren a la vida exterior de la persona, a aquellos actos por donde se revela, mediante la conjun-

ción de lo interno y lo físico, de lo invisible y lo
visible, del espíritu y el cuerpo; carácter que probablemente es el que ha inducido a Mr. Spencer a
referir esta idea a las relaciones sociales: lo cual
vimos ya que no es enteramente exacto. La voz, el
gesto, el ademán, la actitud, el modo de andar y el
de estar parado (la locomoción y la estación, que
dicen los fisiólogos) caen bajo la jurisdicción de las
maneras, con todos los restantes órdenes análogos
en donde se manifiesta la personalidad de un modo
sensible: así en los actos usuales de la vida diaria,
como en los momentos más solemnes, pues en todo
mostramos buenas o malas maneras. En otros términos, tan luego como ejercitamos los miembros
para servir a los fines de la vida, sean cuales fueren, nos hallamos sometidos a la ley de las buenas
maneras; debiendo tener en cuenta que, entre nuestras fuerzas físicas, sólo caen dentro de este orden
aquellas cuyas manifestaciones regimos por medio
de la voluntad, y todavía, de éstas, únicamente
las que se hacen sensibles a los demás como a
nosotros mismos. Tales son, en especial, las antes
citadas: por ejemplo, la voz, en su altura, fuerza y
timbre (hasta donde este último pende de nosotros),
la gesticulación, el ademán, etcétera.

Esto no dice que el valor de nuestros actos
externos se reduzca al que puedan tener por respeto a las buenas maneras, pues que se estiman
y cualifican ante todo por su contenido, por su

objeto y fin. Y aun la importancia de éste hace
en ocasiones, que nos desentendamos por completo
de aquella otra relación, cuyo interés entonces
se oscurece; v. gr., en las grandes catástrofes
o en los hechos heroicos. Cuando un hombre se
ahoga, o se expone a ahogarse por salvar o otro,
no es ocasión, en verdad, para mirar si lo ha
hecho con gracia, pese al gladiador antiguo. Pero
esto no obsta para asegurar que el concepto que
nos ocupa se refiere tan sólo a actos externos.

Como caracteres, ahora, de las buenas maneras,
si no únicos, al menos principales, pueden señalar-
se tres: la libertad, la dignidad y la gracia. Según
que cada una de estas cualidades predómina, son
aquéllas, ora sueltas, fáciles, naturales; ora nobles,
graves, severas; ora amables, elegantes, atractivas;
distinción que así se observa entre los individuos
como entre clases, pueblos y hasta razas. Por ejemplo, las buenas ma neras en Inglaterra consisten, sobre todo, en mostrar aquella posesión y seguridad
de sí mismo, que no se desconcierta, ni turba, ni
asombra por la novedad del accidente, por la fortuna adversa o la propicia, procurando templar o
contener siempre la expresión exterior de los movi-
vimientos del ánimo, concentrado en sí propio, sin
transparentar sus pasiones y aspirando a un ideal
que, si uniera a la nobleza la gracia, sería digno del
Olimpo griego. De aquí la fácil perversión de ese
ideal en afectada rigidez y frialdad estudiada, y en

un abuso del *nihil mirari*, que da frecuente ocasión para que ejerciten su ingenio nuestros vecinos los franceses. Entre éstos, por el contrario, la gracia prepondera, degenerando también en ocasiones hasta caer en la febril movilidad y eterna mueca de la coquetería, con que parodian la sonrisa las modernas Aspasias: donde a su vez toman pie para sus burlas cuantos luego se obstinan *opportune et importune* en imitarlos.

A estos dos elementos se une, como hemos indicado, el de la soltura, sencillez y naturalidad de las maneras, primera base y supuesto esencial de toda amistad y hasta de toda espontánea comunicación entre los hombres. Cuánto hay que reformar en este punto los deplorables sistemas de educación reinantes, se advierte al considerar que de ellos salen dos clases de hombres. Unos, encogidos, criados, como Segismundo, fuera del trato de gentes, que luego repugnan adquirir, en un aprendizaje más o menos laborioso, los hábitos cuya enseñanza debieron recibir en mejor tiempo, y en quienes la timidez, la sobrestima de su personalidad, agigantada en un eterno monólogo, y el terror al ridículo ante la revelación de su ignorancia, se confunden en esa misteriosa cópula donde se engendra el terrible carácter del misántropo. Otros, por la inversa, desvergonzados y atrevidos, cuya osadía no conoce barreras y de los cuales, al fin y al cabo, es el triunfo, siquiera por el momento—que es para

ellos lo importante—, porque luchan, y piden, y
arrebatan; sin aguardar, en el aislamiento sublime
del Estilita, a que la Humanidad, movida de maravillosa inspiración, venga a arrebatarlos de súbito
por que no se esterilicen méritos que, muchas veces, distan de exceder a los de sus aventureros,
cuanto afortunados rivales.

Si quisiéramos traducir el concepto que nos
ocupa en una exposición donde se resumen los tres
caracteres que acabamos de indicar, diríamos que
«buenas maneras» equivale a «bellas maneras», frase que ya los franceses usan *(belles manières)* con
perfecto derecho. En efecto: la libertad y la dignidad, en sí mismas, no son meramente categorías estéticas; pero adquieren este sentido, aplicadas a las
maneras y unidas con la gracia, cualidad fundamental de la llamada «belleza sencilla», para distinguir-
la de la sublime, o bien (tratándose de la vida individual en sus luchas con los accidentes sociales y
de la naturaleza) del momento trágico, del cómico,
y del dramático en que ambos se conciertan, viniendo a desarrollar la primera unidad indiferente
en la plenitud y riqueza de sus oposiciones interiores. Las maneras, ya en su concepto, ya en su evolución histórica, mediante la moda, pertenecen al
orden estético de la vida humana. Esto es lo que
nos parece haber desatendido Mr. Spencer, cuando
pretende buscar por otros caminos la característica
de un concepto que sólo en esta esfera puede ha-

llarse. Así, las buenas maneras se refieren al modo de manifestar bellamente nuestra personalidad al exterior; sin que altere esta idea en lo más mínimo la circunstancia de que contemplen o no otros hombres dicha manifestación; esto es, que aparezca en nuestras relaciones con nosotros mismos, o en el consorcio social con los demás. Por eso, en todos los tiempos y países, desde los pueblos más salvajes hasta los más civilizados, el legislador de las maneras ha sido siempre el «buen gusto», o —para hablar con mayor propiedad y libertar a este concepto de su vaguedad indefinida — el sentido de la belleza, el sentido estético, según las condiciones que en cada época y lugar determinan las ideas e ideales, los sentimientos, las tendencias del espíritu en esa esfera de la vida humana. Por esto también, cuantas reglas ha dictado o puede escribir ese legislador en el código de las buenas maneras, son otros tantos preceptos estéticos, más o menos acertados, sin duda, pero dirigidos constantemente a procurar una bella apariencia en todos nuestros actos externos, desde los más importantes a los más triviales y humildes.

Bastaría considerar, como ejemplo de esta afirmación, aquellos preceptos relativos al modo de comer que no nacen de la higiene, y que son los verdaderamente comprendidos en las buenas maneras. En todos ellos encontraremos el fin de imponer ciertas formas agradables a las diversas funciones

exteriores de esta complicada operación, o el de
evitar alguna de las infinitas cosas ingratas de ver
que en ellas se cometen, cuando menospreciamos o
desconocemos ese código, no siempre tan despótico
y absurdo como Mr. Spencer imagina. Debe insis-
tirse, por supuesto, en distinguir entre las reglas del
buen gusto y las de la higiene, relativas siempre
unas a otras, en cada tiempo, aquéllas al ideal y
carácter de la fantasía; éstas, al grado de adelanto
de la fisiología, bromología y demás ciencias de
nombre más o menos bárbaro. Por ejemplo, la costumbre de comer pescado con el tenedor, sin ayuda
del cuchillo, no se ha introducido por mero capricho
irracional, como piensa el distinguido escritor inglés, sino por una idea, cuya exactitud no discuti-
mos ahora (doctores tiene la Iglesia), a saber: la de
que el acero, merced a ciertas reacciones y combinaciones químicas, da mal gusto a aquel manjar. Y
si esta costumbre ha sido derogada, verbigracia,
para aquellos pescados que por su poco grueso no
se prestan a una fácil disección con el tenedor, o
cuya dureza de espinas reclama el uso del instrumentos cortantes (que pueden estar además forra-
dos de una hoja de plata u otro metal químicamente
inofensivo), esto en nada contradice aquel uso, fundado en una idea, con la cual desaparecería ciertamente, tan luego como ella resultase inexacta. Por
otra idea análoga se revisten también de plata u
oro los cuchillos para partir las frutas, y se hacen

mil y mil cosas más, que a Mr. Spencer parecerán
otras tantas diabluras y rarezas.

Por el contrario, el uso de servirse a la par del
tenedor y el cuchillo para las carnes tiene un carácter mixto: pues obedece, ya al fin de conservar más
tiempo en la masa el jugo y el calor, ya al de evitar
el desagradable espectáculo de un cuchillo grasien-
to, enrojecido y sucio, apoyado en el borde del
plato, o sobre esos execrables aparatos *ad hoc*, o
lo que es peor todavía, sobre el mantel: porque la
suciedad es una cosa enteramente relativa en su
aplicación; y el cuchillo, que no puede llamarse sucio mientras se halla sirviendo, lo está, sin duda,
desde el momento en que terminan sus funciones (1).

Dejemos ya esta digresión, motivada por un
ejemplo de Mr. Spencer y que lo es, a su vez, de
una verdad insigne, la cual no debiera con tanta
frecuencia olvidar el ilustre escritor; a saber: que
el mundo no está gobernado por el accidente, sino
por las ideas.

IV

Aunque de la exposición precedente resulta cuál
sea la relación de nuestros actos exteriores con las

(1) Muchos otros casos podrían citarse de este carácter del
concepto de la suciedad: un plato una mantera no está sucio
hasta que se acaba de comer en él, como no lo está la platina
del microscopio llena de polvo, si se ha dejado que éste se de-
posite en ella con objeto de estudiarlo.

maneras, que no se refieren, pues, al contenido de dichos actos, sino a su forma, considerada en sí misma, pudiera a veces parecer que aquel concepto se extiende también a ese contenido. Tal acontece con los actos en que se atestiguan y consagran los respetos exteriores de unos hombres a otros, o a las instituciones sociales (v. gr., religiosas o políticas), o a ciertos símbolos, como la cruz entre los cristianos. Así, por ejemplo, que una persona salude o no en determinadas circunstancias; que ceda un lugar preferente o se apodere de él sin miramiento alguno, que guarde, en suma, u olvide esta clase de consideraciones, son hechos que suelen incluirse entre las maneras, no por el modo, sino por lo que en ellos se hace u omite, por su fondo. Ahora bien: si es así, aquel concepto comprenderá dos órdenes sumamente distintos: uno, el de las formas estéticas de manifestar nuestra personalidad al exterior; otro, el de esos testimonios de respeto, urbanidad y cortesía; y en este caso, para exponerlo, sería preciso reducirlo a unidad, inquiriendo el principio común de ambas aplicaciones especiales. Pudiera acontecer que, a la inversa, aquella dualidad no existiese; y entonces, una de esas dos especies tendría que excluirse del concepto o subsumirse en la opuesta.

La verdad es que, en la vida común, merced a la vaguedad e indiferencia con que usamos las palabras en relación con las ideas que significan, la frase «buenas maneras» representa una pluralidad de elementos que debe desentrañar quien pretenda establecer su unidad de sentido: unidad que, después de todo, no puede menos de llevar en el fondo la palabra, sólo que oscurecida y comprometida por la equívoca definición con que se extiende de unas cosas a otras, por analogías y relaciones más o menos internas. Así es como buenas maneras, urbanidad, modales, etc., etc., se confunden en el uso vulgar y pasan por equivalentes, siendo así que expresan ideas perfectamente distintas. Por ejemplo, las primeras, según las consideraciones precedentes, corresponden al carácter estético de nuestros actos externos: la segunda, al hábito de las prácticas de la vida civilizada (civil, urbana, contra rústica), esto es, de observar los límites y respetos sobre que descansa toda frecuente comunicación entre los hombres, en cuanto miembros de un todo social, en el que necesita la persona guardar su puesto y dar a cada uno el que le pertenece. Esta relación de convivencia se despliega en las de independencia mutua, solidaridad y jerarquía y no aparece en el individuo aislado, aunque ya tiene en él cierta raíz, cuyo estudio no es ahora ocasión de emprender. Un sentido análogo tienen también las palabras «cortesía», «política» y otras, derivadas de raíces semejantes (de «corte» y «civis», respectivamente). Por lo que toca a los «modales», se refieren a las maneras como la parte al todo, pues denotan un orden espe-

cial de ellas, a saber: el de las maneras *en los ade-
manes*.

Despejar esta ambigüedad en que necesariamente declina todo concepto en el uso diario, y
merced a la cual confundimos aquellos que poseen
algo de común; trasformarlos, de vulgares, relativos e inseguros, en reflexivos, racionales y firmes,
es la primera exigencia de toda indagación, mediante la cual se aspira a definirlos. Contra esta exigencia ha pecado Mr. Spencer—sea lícito afirmar-
lo—. En efecto, si su ensayo despierta un mundo
de pensamientos por la fecundidad y riqueza de sus
puntos de vista, y si a esto mismo principalmente se
debe la posibilidad de reconocer, y aun de rectifi-
car, cualquiera falta que inadvertidamente en él se
haya deslizado, su atenta lectura muestra cómo el
concepto de que tratamos no se halla distinguido
con suficiente precisión para salvar el límite que
separa el conocimiento vulgar del propiamente
científico.

Justamente, esa vaguedad de las ideas en el uso
diario es causa de un fenómeno que en esto de las
buenas maneras se ofrece.

Hasta hoy, dicha idea parece como que ha venido oscilando entre las dos acepciones arriba señaladas: ya inclinándose al sentido de observancia de
los respetos sociales, ya al de la forma, estética
de nuestros actos externos. Desde que en la vida
social comenzó a imperar un ideal espiritualista,

que menospreciaba, más o menos abiertamente, los elementos sensibles, las personas graves han propendido en general hacia el primer extremo; los hombres frívolos, al segundo. Conténtanse los unos con la nobleza y cortesía en su conducta, desdeñando cuidarse de cuanto en ésta se refiere a la bella apariencia, como asunto indiferente, secundario a lo sumo, cuando no un tanto afeminado e impropio de ánimos veroniles, a quienes sólo importa el fondo real de las cosas; mientras que, para las gentes subalternas que suelen dictar el código de los salones mundanos, este fondo, con sus relaciones íntimas, vale punto menos que nada (sabido es que las personas más *comm'il faut* no son siempre modelos de cortesía). Su ideal consiste en vestirse, saludar, andar, pararse, presentarse y moverse en todas las direcciones de la geometría, con aquella elegancia y distinción que exige el gusto de cada época, y que así puede ostentar un Rastignac o un duque de Mora, como el más cumplido caballero. Verdad es que, aun esta palabra y el concepto que expresa, viven también sometidos a análoga evolución, según el criterio de la moralidad, y en general de la vida, en los diversos tiempos y países; ¡cuántas cualidades, por ejemplo, de las que enaltecían al poético paladín de la Edad Media conducen hoy derechamente a la terrible prosa del presidio! Considérense esos tipos sociales engendrados respectivamente por la fantasía popular, como «el bandido genero-

so» (el Diego Corrientes, v. gr., de la leyenda) y
por el arte culto neo-romático en el período álgido
de su reacción, como el Carlos Moor, de Schiller:
últimos herederos uno y otro de Cides y Bayardos.
Hoy mismo, el hombre y el caballero distan harto
de coincidir; y aun las virtudes de aquél son frecuente estorbo para que, gallardamente, éste se
luzca.

En el mundo clásico, el concepto de las buenas
maneras quizá se mantenía en más justo sentido. El
ideal de la vida helénica, que señala el radiante
apogeo de aquella civilización, era, ante todo, un
ideal estético. La belleza constituía el *primum
movens* de aquellas instituciones, no sólo en Ate-
nas—como suele afirmarse con algún error—, sino
en Esparta, en Tebas, en Creta, en todas partes,
cada una a su modo; desde el individuo al Estado,
de lo máximo a lo mínimo, del nacimiento a la muerte, a la cual corrían *come a splendido convitto*,
que dice el poeta, sin que desmayara en sus labios
la serena sonrisa que aprendían de sus dioses, dí-
ganlo, si no, Sócrates y los héroes de las Termó-
pilas. De aquí la grandeza y poderoso encanto de
aquel ideal, no menos que sus vicios, y aun aquella
misma vergonzosa decadencia del sentido estético
(tan propenso a degenerar en cruel, cuando se so-
brepone a los demás factores y usurpa el lugar del
ideal íntegro humano), que pedía al gladiador en
Roma lo propio que, XIX siglos después, pide en la

cristiana España al torero: que prescinda de la realidad de su afrentosa situación y sepa luchar, y herir, y despedirse de la vida con gracia.

Y es que el gusto de lo bello oscila al compás de la civilización; asciende y declina con ésta. Al propio tiempo, y como una de sus esferas particulares, oscila igualmente el criterio de las buenas maneras, sujeto a caer hasta en las más estupendas aberraciones. En condenar éstas, tiene Mr. Spencer razón que le sobra; y el progreso continuo de la civilización, que va depurando el sentido general estético, va al par disminuyéndolas cada día, como va poco a poco acabando con ese complicado ceremonial, que tanto dificulta el trato y libre comunión entre los hombres. Pero no la tiene, repetimos, en considerar que las maneras ridículas, por ridículas que sean, carezcan de todo fundamento. En este caso, como en todo, la variación, la evolución, la moda—si se toma esta palabra en un amplio sentido—siguen la misma ley de la naturaleza de las cosas; cuya mudanza obedece siempre a la de las necesidades de la vida en sus diversos órdenes, según, a su vez, las circunstancias influyen para que las sociedades vayan cambiando su idea de la vida, y el ideal, por tanto, conforme al cual entiende cada tiempo que las cosas deben hacerse. Así, pues, nada menos arbitrario. Cada sociedad y ciclo de naciones, cada pueblo, cada clase, cada individuo, y aun al par cada uno de estos varios sujetos en las diversas

épocas de su vida, tiene una concepción diferente
de las buenas maneras, como la tiene de todas las
cosas, sin excepción alguna.

El ideal de las maneras está, además, en cada
momento, íntimamente enlazado con el de la belleza y el arte: lo cual, desde luego, se comprende, si
aquél no es más que una aplicación de éste, a saber:
el ideal estético en cuanto se refiere a la manifestación inmediata de la personalidad. Así, desde el
modo de pronunciar, comer, saludar, vestirse y
demás actos análogos, hasta las más elevadas e independientes creaciones artísticas, la estética de
cada civilización es toda de una pieza, por más que
las causas del desarrollo especial de cada elemento
retrasen el de unos, hagan adelantar el de otros, e
impidan de esta suerte la rigorosa coincidencia de
sus puntos de culminación. El estilo pseudo-clásico,
lo mismo se apodera del tocado de las damas, que
de las porcelanas de Wedgewood, de los muebles
de Jacob, los cuadros de David, las odas de Chénier
los discursos de Saint-Just, las recetas políticas de
Mably, el cincel de Canova, el ceremonial de las
Cortes, y la jerga de tapiceros y modistas.

El sentido estético desempeña en el mundo una
función harto más importante de lo que suele creer-
se; y el *gusto,* indefinida denominación de ese sentido, debe considerarse por todos los hombres reflexivos como una de las primeras potencias diná-
micas de la vida social. Ojalá que así se compren-

diese y, en consonancia con esta concepción, se procurase cultivar con una atención reflexiva, al igual de los más graves factores de la educación y la cultura.

V

Buen ejemplo de la importancia del elemento estético en la vida es lo que acontece con las diversiones.

Mostraba en cierta ocasión uno de nuestros escritores festivos (1) cómo la música, verdadero oficio y trabajo para el artista de profesión, podía ser recreo del empleado, del médico o del comerciante, que con ella entretenían sus ratos de descanso. En esta observación se compendia por entero la que podríamos llamar teoría de las diversiones.

En el sentido de inacción, de cesación, de actividad, no hay descanso posible: el reposo absoluto es tan inconcebible en el hombre como en el orden de la naturaleza. Descansar no es otra cosa que reparar nuestras fuerzas, fatigadas por una tensión

_____

(1) D. Antonio María Segovia, en sus Conferencias dadas en la Universidad de Madrid de 1869 para cooperar a la educación de la mujer, iniciadas por el inolvidable D. Fernando de Castro.—La importancia, así como el carácter de las diversiones, han sido admirablemente expuestas por D.ª Concepción Arenal en su Memoria sobre el *Empleo del domingo en los establecimientos penitenciarios* (*Bol. de la Inst. Libre*, t. VIII, p. 189 y 210); Memoria á que tan extraordinaria acogida ha dispensado el Congreso Penitenciario de Roma (1885).

excesiva, ora disminuyendo más o menos nuestra
comunicación con el mundo exterior, ora aplicán-
dolas a un objeto diferente del que nos ocupa.

La vaga contemplación del hombre fantaseador,
como la del *lazzarone* u otros tipos análogos de
holgazanería que tenemos más cerca, son ejemplo
de aquella concentración en nosotros mismos, cuyo
grado máximo es el sueño. Al segundo modo de descansar llamamos «divertirnos», con toda propiedad,
por cierto, pues nos volvemos (del latín *verto)* de un
objeto a otro. Nacen de aquí consecuencias importantes para el régimen de la vida, las cuales no cabe
ahora desarrollar. Permítasenos indicar tan sólo la
de que, absolutamente hablando, nada hay que
pueda llamarse en sí mismo diversión o recreo, sino
únicamente en relación con el estado de nuestro
ánimo y de nuestra actividad. Lo contrario suele
imaginar el vulgo, para quien trabajar es hacer algo
por obligación y sin gusto; divertirse, hacer algo
por gusto y sin obligación: como si forzosamente
hubiesen de andar, obligación y gusto, cada cual
por su lado. Error es éste nacido del punto de vista
que por desventura preside todavía a la elección y
práctica de las profesiones sociales. Los más se
abrazan comúnmente a ellas, no para consagrarse a
realizar aquel fin determinado a que su vocación y
sus aptitudes los llevan (sin que esto sea parte a
impedir, por lo demás, la justa remuneración de sus
servicios, a cambio de los cuales reciben los aje-

nos), sino como un simple medio para satisfacer las necesidades materiales de la vida, verdadero y principal estímulo que a su peculiar oficio los arrastra. Míseros siervos de él, gemimos bajo su insoportable pesadumbre; y hasta tanto que llega la hora solemne en que nuestras economías nos consientan emanciparnos, conquistando la libertad de «vivir sin trabajar», suprema victoria del hombre que así entiende el trabajo, es éste una carga, un deber, más o menos duro de cumplir, penoso y desagradable.

Puede juzgarse cómo andarán las profesiones sociales, cuando el ideal de la inmensa mayoría de sus cultivadores es hacer en ellas todo lo menos que quepa, lograr que esto se les pague todo lo más posible, y romper cuanto antes la dura cadena que les mantiene amarrados como viles galeotes: tres verdaderas herejías, con perdón de los economistas sea dicho. Y si todavía queremos prescindir de determinados oficios, v. gr., el del comerciante, el fabricante, el agricultor, considérese qué pasará cuando este criterio gobierne la conducta del sacerdote o del científico. Y por cierto que a este punto conviene traer un ejemplo memorable. Un eminente profesor (1), como oyese los frecuentes lamentos de sus colegas contra lo exiguo de las dotaciones que el Estado, entre nosotros, asigna a tan respetable clase, solía responder: «Por mi parte, yo veo

(1) El malogrado D. Javier Llorens, catedrático de Filosofía en la Universidad de Barcelona.

desde otro punto de vista la cuestión y me rec` `7-
co hombre de suerte, que tiene que agradecer a
Dios mucho: ¡cómo me ha de parecer poco lo que
recibo por mi cátedra, cuando yo habría dado toda
mi fortuna por ella! La Providencia me ha permitido
cumplir la más alta aspiración ideal de mi vida; y
todavía me atreveré a regatear lo que me dan por
añadidura!»—¿Entendía éste las cosas al revés, o al
derecho? Cada cual decida; mas parece fuera de
duda que el hombre sólo es libre cuando trabaja
según su vocación, y esclavo cuando deja a un lado
la vocación y va tras de la paga: servidumbre esta
que la dura ley de la necesidad ha impuesto e impone todavía a tantos espíritus insignes.

Poniendo término ya a estas digresiones, queda,
a nuestro ver, subsistente que la diversión, en su
genuino sentido, es también un concepto estético,
como quiera que representa el goce causado por la
aplicación de nuestra actividad de un objeto a otro,
en el cual halla el descanso, plenitud, libertad, vigor, frescura, que le faltaban en su ocupación precedente. Pero, aun tomando la diversión en el concepto más usual, y en parte erróneo, según el cual
hay determinadas cosas que, por sí mismas y en absoluto, merecen este nombre, como son: el paseo,
los juegos, las artes, etc., etc., se confirma el carácter estético de la diversión. Pues el goce del
teatro, o la música, o la pintura, o el de la naturaleza en el campo, o el de la agilidad corporal en su

desarrollo saludable, o el del baile, las fiestas y saraos de aparato, la conversación discreta, las combinaciones y cálculos sobre la destreza o sobre el azar, y tantas otras cosas, difícil es dudar de que pertenecen al orden estético, del que son manifestaciones más o menos importantes.

La cuestión de las maneras se enlaza estrechamente con la de las diversiones. Así, por ejemplo, conforme aquéllas van siendo más cultas y nobles, éstas son más íntimas, sencillas y elevadas y pierden en exterioridad y apariencia. Las fiestas públicas ostentosas, los colores enteros y crudos, el oropel, el estrépito, algazara y bullicio, los contrastes y peripecias extremadas forman el encanto de aquellos pueblos, clases e individuos todavía cercanos en el nivel de su educación a los tiempos del *artas apelaeus*: considérese el éxtasis de los salvajes ante un puñado de cuentas de vidrio, o el paroxismo de los españoles en las corridas de toros. En estas diversiones, mostramos todos siempre un *quid ferum*, cierta ferocidad, que se expresa de un modo inequívoco en nuestros gritos, aullidos, bramidos y demás expresiones de la fiera a medio domar, que tasca durante seis días el freno de la vida civil, para desbocarse el domingo y volver al estado salvaje por que eternamente suspiramos.

A medida, por el contrario, que el hombre se refina y ennoblece, huye de toda orgía pública y privada; prefiere el café a la taberna, el *club* al café, y su casa al *club;* una de esas reuniones tranquilas que tan admirablemente pinta Mr. Spencer, y donde el espíritu produce en la intimidad sus más bellos y espontáneos frutos, a las grandes recepciones *a giorno,* donde no hay ojos, ni oídos, ni olfato, ni cerebro que puedan resistir los agrios estímulos con que se les irrita; abandona las novelas llenas de movimiento, incidentes, sorpresas, por aquellas en que «no pasa nada», salvo el soplo animador y sano de la vida; no necesita hallarse ante uno de esos paisajes llamativos, sorprendentes, fecundos en dramáticos contrastes y anotados con una (!) marginal en la *Guía* del turista, para sentir el poder, la majestad, la gracia y el encanto de la naturaleza; en fin, habla a media voz, ríe sin lastimarse el epigastrio, llora sin escandalizar a los vecinos, le gusta ver el sol desde la sombra y no llama a sus hijos «cachorros».

Si los progresos de la civilización y los de la guerra, en sus diversas formas, se hallan en razón perfectamente inversa, el ideal estético de la Humanidad preponderará más y más cada vez hacia una tranquilidad sublime, y acaso halle en el porvenir el místico consorcio de la serenidad del genio helénico con toda la riqueza interior que en las entrañas del espíritu ha llamado a la vida la dramática historia que inició el Cristianismo. Demás de esto, la fuerza en oposición es inferior siempre a la fuerza en armonía, como la lucha a la victo-

ria; como el hombre violento, al firme, sereno y
comedido. Aquélla se ve perturbada, contrariada,
desconcertada en su libre expansión por un antago-
nismo capaz de comprometer el logro de sus fines.
A ésta, nada la detiene; todo lo arrolla en su triun-
fal carrera, sin un solo dolor y aun sin esfuerzo; los
más grandes obstáculos se deshacen para ella, como
la nube del poeta, «en viento y ruido vano», sin
arrancarle siquiera una vulgar sonrisa de desdén; y
al ritmo de su desenvolvimiento imperturbable, sur-
ge en la fantasía un no sé qué de omnipotencia, y
se sobrecogen los ánimos con una impresión de majestad y de respeto.

Lo normal, lo saludable, lo conforme a su ley
siempre es tranquilo; la agitación, la violencia, el
contraste vienen siempre de una perturbación, y
son la enfermedad, cuando no también la ruina y la
muerte. El hombre todavía encadenado en los limbos subalternos del ideal halla insípido el grave
compás de la evolución, y no acierta a entender su
riqueza, como no siente el peso de la atmósfera, ni
la circulación de la sangre en su organismo sano, y
sólo toma gusto y sabor a la vida cuando las convulsiones de la fiebre hieren sus sentidos obtusos:
entonces halla en el mundo animación, color y movimiento.

Pues precisamente en la preferencia de lo normal sobre lo llamativo, excepcional y extravagante,
radica una de las más inequívocas señales de pro-

greso para el espíritu que, lleno de idea y de poesía, sabe encontrarlas a su alcance doquiera en todos los momentos, lugares, circunstancias, desde
la creación de los orbes al irisado microcosmos de
una gota de agua. A este espíritu, para el que nada
hay mudo, prosaico, inerte, si sabemos verlo y sen-
tirlo, es al que debemos agradecer el continuo em-
bellecimiento de la vida doméstica, tanto más llena
de encanto y de hermosura cuanto más se ennoblece la civilización; cuya luz, a medida que asciende
en el firmamento, como que va extendiendo un rayo
de gracia ideal hasta los últimos pormenores de las
relaciones usuales y diarias: con esto al par se arrui-
na aquel antiguo empeño romántico, que desdeñaba, por vulgar, el espectáculo de la salud, de la normalidad y de la ley, y hallaba en la enfermedad, y
hasta en la teratología, la poesía; en la execración
de la sociedad y la cultura, la señal del amor a la
naturaleza; y en el desprecio de los más sagrados
principios, la de un espíritu superior, incapaz de
avenirse a los estrechos cánones de una moralidad
rutinaria; y prosaica. Gracias a Dios y al progreso
de la civilización, vamos enviudando poco a poco
de Julias y Manfredos, de Lelias y Quasimodos, de
Gwymplains y Violetas.

Cualquiera observará que, en todas las relaciones de la vida, la afición a las cosas extraordinarias
es tanto mayor cuanto menor es el gusto que pone-
mos en las usuales y comunes. Las gentes que de

ordinario no pasan el umbral de los templos son las que se apresuran a fundirse en esas «bullas macizas», que dice un amigo mío, tan luego como barruntan una función religiosa aristocrática o democrática, pero excepcional y solemne. El ejemplo de familias que para nada se ocupan de su pésimo modo de vivir y tiran luego, «en las ocasiones», la casa por la ventana para dar una fiesta suntuosa, o tienen en perpetuo y cristiano semiayuno a su cuerpo, para exponerle a morir ahito en esos días clásicos, en que es deber inexcusable de cariñoso afecto esforzarse por alcanzar el goce de una indigestión colectiva, se multiplica en todo género de relaciones y es característico de un grado de civilización rudimentario. Y a la inversa: cuando el hombre procura vivir con cuanta comodidad, refinamiento y holgura le consienten sus medios, poniendo en todo ello verdadero arte y gozando del infinito encanto que doquiera se ofrece al espíritu culto y bien sentido, huye discretamente en busca de placeres más saludables y de mayor sustancia; dejando esas fiestas extraordinarias, suntuosas, indescriptibles, orientales, magníficas, que comprometen las fortunas, favorecen la del médico, perturban el ritmo y compás de la vida, fatigan y estragan con la grosera acumulación de toda clase de prodigalidades, y que allá, en tiempos todavía remotos, cuando esté civilizada Europa, será necesario ir a buscar en Calcuta o el Cairo. En buen hora, el marqués y el ban-

quero, y el lord, y el diplomático, y el turiferario
periodista abran en ellas atónitos sus labios hasta
modelar el círculo perfecto de una admiración incomparable, y alimenten su fantasía revolviendo el
foie gras, y las luces, y las condecoraciones, y las
libreas, y los dorados, y el champaña, y los espejos,
y las mujeres a medio vestir, y las conversaciones
insípidas... Feliz el hombre que ha llegado, a fuerza
de fuerzas, a adquirir el bien inestimable del sentido
común—el más raro de todos, según un novelista —;
pues calcula que con el presupuesto que para abu-
rrirse en una de estas fiestas consumiría su familia
en trajes, tocados, joyas, guantes, coche y demás
menudencias, puede pasar una semana en Toledo, o
en el campo, despertando en su alma las ideas a
bandadas, como palomas en bosque frondoso, y en-
riqueciéndola al amor de la naturaleza y del arte.

De esas ruidosas fiestas, y sólo de ellas, es de
las que ha debido decir Leopardi «que tienen lunes»; las del espíritu son eternas. Su goce, siempre
real y bienhechor, si se anticipa con las esperanzas
de la víspera, también se prolonga con un recuerdo
infinito, cuyo encanto dura hasta la muerte.

VI

No dista mucho, ciertamente, todo este último
orden de consideraciones de las que, con análogo
propósito, hace Mr. Spencer, cuyas admirables pá-

ginas despiertan vivísimo interés al censurar las preocupaciones reinantes en una esfera de la vida, tan necesitada de apremiante reforma. Mas ¿cómo promover ésta? Aquí, por desgracia, vuelve a ser difícil asentir a las opiniones del pensador británico.

Juzga él, con efecto, que para el fin de concluir con las falsas maneras, contrarias y aun perjudiciales a las nuevas necesidades de la vida, es insuficiente el procedimiento de la protesta individual, por perseverante que se le suponga. Los esfuerzos aislados se pierden en la masa de la común rutina, estrellándose contra infinitos obstáculos, que acaban por desalentar aun a los más intrépidos. Los necios forman —dice— una mayoría tan respetable, que arrastra a los advertidos y sensatos. El mejor camino y el más eficaz sería el de una liga constituida para promover la reforma, una especie de «protestantismo» organizado contra la tiranía de los usos sociales.

A nuestro entender, padece Mr. Spencer en esto una ilusión, de que participa grandemente en muy otras materias, como son el derecho y la política, a saber: la de reputar superior la eficacia de las formas externas, rápidas y declarativas, verbigracia, de la ley en el orden jurídico, a las lentas, consuetudinarias e interiores. Por lo demás, achaque es éste muy propio de tiempos en que una pertinaz candidez, a prueba de crueles desengaños, imagina cambiar el ser de los pueblos a fuerza de revoluciones e improvisar su educación por medio de decretos.

La acción expresa, oficial y solemne, es harto más visible que la del organismo entero en su gradual evolución: de aquí el error de los que ven mejor las apariencias que el fondo de las cosas. Pero el fin de esa acción reflexiva, necesaria siempre a la vida de las sociedades en sus varias esferas, no es iniciar el impulso, sino recibirlo, purificarlo, condensarlo con arte, obedeciendo a la energía primordial y suprema, que es siempre la del todo. Por concebir de un modo inverso esta relación entre el Estado y sus magistraturas, entre la Iglesia y el clero, entre la ciencia y las Universidades, entre la sociedad, en suma, y sus instituciones, en odio al opuesto absurdo de la democracia inorgánica, ha dividido el doctrinarismo a los hombres en gobernantes y legos, confiscando el poder y aun la soberanía en los que sólo debieran ser sus fieles órganos, consagrados a formular idealmente las tendencias que se van despertando en las entrañas de los pueblos. Y ese poder, que engañado por las apariencias, se arroga una dictadura contraria a sus funciones, pugna en vano por alcanzar sus fines, e inventa Constituciones y Códigos que, apartados de la inspiración social, jamás alcanzan los honores del derecho verdaderamente real y positivo.

En cuanto al género de relaciones a que mister Spencer se refiere, el procedimiento racional parece ser otro. Si es cierto (contra lo que a veces él indica) que nada vive en el mundo, instituciones, usos, lengua, leyes, traje, sino mientras halla su raíz en la conciencia de la sociedad, de que todo ello es manifestación exterior, no es contra ésta contra lo que debe dirigirse la actividad reformista, sino contra las ideas, aspiraciones, sentimientos, donde radica el germen que conviene extirpar. El hombre rutinario, aunque esté convencido de los inconvenientes del sistema en que vive, aguarda impasible en la complicidad de una servil pereza a que «el tiempo» vaya destruyendo los absurdos, cuya desaparición tal vez quiere, pero a cuya perpetuidad colabora; mientras que el revolucionario pretende destruir el mal en un instante, y deja intacta su fecunda semilla. El buen sentido manda atacar el vicio allí donde tiene su principio más hondo, y esperar de un esfuerzo continuo, animoso y paciente el fruto lento, pero seguro, que por otro camino siempre falta.

Más, mucho más que una «liga» para abolir tal o cual prenda del traje o tal cual uso, indebidamente comprendido ya en el código de las buenas maneras, hará siempre el pensador que, siguiendo las huellas de Mr. Spencer, consagre su inteligencia a investigar la naturaleza del mal que intenta corregir, las causas que le dieron origen, las que todavía lo mantienen y los medios de destruirlo: hallando la nueva fórmula que satisfaga al par a la razón y a las necesidades de los tiempos, que en definitiva no son cosas distintas.

Como ejemplo de la ineficacia de todo movimiento prematuro, dirigido contra la superficie de las cosas y encaminado a organizar la resistencia a determinados usos sociales, tenemos en España la célebre cruzada «del hongo», que ha quince años ilustró con su iniciativa un orador memorable (1). A pesar de enorgullecerse aquella liga con respetables adhesiones, por calidad y cantidad, su empuje se estrelló en esa impotencia y ese ridículo a que míster Spencer cree sólo expuestos los esfuerzos individuales aislados. Cuando muchos años después de extinguido y hasta olvidado aquel movimiento abortivo, causas muy complejas han venido a modificar en esta parte las ideas y el gusto, el sombrero hongo se ha ido generalizando rápidamente en nuestro país entre toda clase de personas y limitando el imperio de su rival, cada vez menos afortunado, sin que nadie dude de que la antigua cruzada, lejos de haber servido a este fin, comprometió gravemente su logro.

Ya hemos dicho antes cómo el frac se sostiene y hasta cuándo se sostendrá, o un traje análogo, pese a la estética, y a la comodidad, y a todas las demás potencias que pueda invocar Mr. Spencer. Pues este ejemplo se multiplica en todas las rela-

---

(1) D. Salustiano de Olózaga.

ciones a que el distinguido escritor quisiera llevar impaciente la reforma. ¡Cosa extraña! Que sea al autor de la *Sociología* a quien haya que recordar que todo fenómeno social reconoce una causa, y que la evolución tiene sus leyes. Tan infiltrado se encuentra en el espíritu contemporáneo el arbitrarismo, con su inevitable secuela de la casualidad en la historia y de la omnipotencia de la acción exterior y tópica, que pocos se salvan del contagio, y aun del más esforzado evolucionista puede decirse, a pesar de todos sus juramentos, lo que del poeta de los *Tristes:*

Quidquid tentabat dicere versus erat.

1879

EL CURSO DE PEDAGOGÍA DEL DR. HOHLFELD

El Doctor Pablo Hohlfeld, uno de los más distinguidos pensadores de la Alemania contemporánea, cuya Memoria sobre la filosofía de Krause fué ha poco premiada en la Universidad de Jena, es profesor de la Institución creada en Dresde (por los esfuerzos—si mal no recordamos—de la célebre baronesa de Marenholtz-Bülow, incansable propagadora de las doctrinas y procedimientos de Fröbel), al intento de educar y formar profesoras para los Jardines de niños. Creemos interesante dar aquí sucinta idea de su curso sobre la naturaleza y problemas capitales de la Pedagogía.

Según el Dr. Hohlfeld, la Pedagogía es, en parte, ciencia, en parte, arte de la educación. En el primer sentido, es ciencia de una esencia, ciencia de una propiedad, la educación; al modo como la Biología lo es de otra propiedad, la vida; o la Geometría, de otra propiedad, el espacio; o la Jurisprudencia, del Derecho; no, pues, ciencia de sér, como la Antropología, la Astronomía, la Teología, la Botánica, etc., cuyos respectivos objetos (el hombre, el astro, Dios, la planta) son otros tantos seres, no meras propiedades o cualidades. Toda ciencia de propiedad (ciencia *categórica,* que podríamos llamarla) es, sin embargo, parte a la vez de una ciencia de sér (ciencia *ontológica)*, puesto que no hay esencia, propiedad ni cualidad alguna que no resida en uno o varios seres. Ahora bien, la Pedagogía, a diferencia de las ciencias de otras propiedades (v. gr. la Lógica, la Moral), pertenece a *todas* las ciencias ontológicas sin excepción: a la Teología, la Física (en el sentido general de ciencia de la naturaleza), a la Psicología, a la Antropología: porque a todas estas esferas, en uno u otro sentido, alcanza el concepto de la educación. Con respecto a sus fuentes de conocimiento, la Pedagogía es, en parte, filosófica, en parte, empírica, en parte combina ambos elementos; y en cuanto al método, es ascendente, analítica o regresiva, y descendente, sintética o constructiva. Por último, en relación a su finalidad, tiene en parte un fin sustantivo, como esfera que es del conocimiento, y en parte sirve de medio para otro fin, el de la vida, del cual es condición fundamental la Pedagogía.

Aquí concluye la introducción al curso. La primera parte, ahora, está consagrada a estudiar el concepto de la educación. He aquí, en resumen, sus principios capitales:

1.º La educación del menor y el desarrollo ulterior del adulto son ramas igualmente importantes de la cultura (formación, educación, educación en el amplio sentido) de nuestro sér.

2.º   Esta cultura consiste en despertar, moderar en su caso y dirigir la vida.

3.º   La vida es la constante mudanza del mismo sér vivo.

4.º   El desarrollo de la vida de los seres finitos ofrece varios grados o estadios (edades).

5.º   Educación – en sentido estricto – es la información y elevación de los seres que no han llegado aún a la edad de su madurez.

El examen de los problemas cardinales de la Pedagogía constituye el asunto de la segunda parte, en los siguientes términos:

1.ª   ¿Quién o qué puede y debe ser educado? *(objeto* de la educación). En cuanto a los seres, el hombre individual y las sociedades mismas (familias, comunidades locales, tribus, pueblos, la Humanidad entera). En cuanto a los elementos del sér, el cuerpo, el espíritu, la unión y composición de ambos. En cuanto a las propiedades, todas las fuerzas corporales y espirituales (conocimiento, sentimiento y voluntad).

2.ª   ¿Quién o qué puede educar? *(sujeto* de la educación). En punto a los seres, el hombre y las sociedades humanas, especialmente la madre, el padre, los mayores, los hermanos, la maestra de los Jardines de niños, el profesor, la familia, el Municipio, la Nación, el Estado, las Iglesias, etc.; la naturaleza y el espíritu, Dios, como Providencia y Sér Supremo. Respecto de las esencias o propiedades, la religión, el amor, la ciencia, el arte, etc.

4.º ¿Para qué puede y debe educarse? *(fin* de la educación). Para asemejarnos y unirnos a Dios; para la religión y la moralidad; para perfeccionarnos; para humanizarnos; para nuestra propia dignidad y valor sustantivo y para servir a otros (esto es, educarnos para nosotros mismos y para los demás); para la ciencia y el arte, y para la cultura y educación misma del niño y ulterior desarrollo del hombre adulto.

5.º ¿Según qué ley puede y debe educarse? *(método* de la educación). Según la ley de la «armonización de lós contrastes».

6.º ¿Cómo puede y debe educarse? *(ejecución* del método). Gradualmente, con amor; individualmente, de conformidad con la época, etc.

7.º ¿Mediante qué puede y debe educarse? *(medios* de educación). Por el juego, las tareas, el trabajo, el placer; por la alabanza y la censura; por el premio y el castigo; por los paseos y viajes; por las visitas a las fábricas, templos, museos, etc.

8.º ¿Dónde puede y debe educarse? *(lugar* de la educación). En la casa, en el jardín, en la escuela (incluyendo la Escuela-Jardín y la Escuela de oficios), en la fábrica, en el taller, en la Universidad, en la Academia.

Tal es el interesantísimo plan de las lecciones del Dr. Hohlfeld.

1880.

EL ALMA DEL NIÑO, SEGUN PREYER [1]

I

A los trabajos de Sigismund, Kussmaul, Darwin, Genzmer, Siciliani, Taine, Sikorsky, B. Pérez, Lindner, etc., viene a enlazarse este nuevo libro, obra del ilustre fisiólogo, que empieza a ser estimado hoy entre nosotros principalmente, merced a la traducción de su *Fisiología general*, por M. Soury, que ha hecho, además, objeto de alguno de sus cursos en el Colegio de Francia. Ya años atrás, nuestro colega D. Augusto G. de Linares había dado a conocer las ideas del profesor alemán, como un precedente que venía a apoyar, hasta cierto punto, y no sin visibles restos de la antigua preocupación dualista de lo orgánico y lo inorgánico, la concepción unitaria del naturalista español y su teoría de la vida de los astros. El Sr. Salmerón ha

(1) *L'âme de l'enfant; observations sur le développement psychiques des premières années*, par W. Preyer, professeur de physiologie à l'Université d'Iena, trad. d'après la 2me éd. allemande par H. de Varigny, docteur en médecine et docteur en sciences.—Paris, Alcan, 1887. 1 vol., 8.°, XIV, 559 páginas.

contribuído asimismo a dar a conocer a Preyer entre nosotros, llamando la atención en sus últimos cursos, repetidas veces, sobre ideas, que en algún modo coinciden con las suyas propias. Como por estas indicaciones puede presumirse, Preyer pertenece a la categoría de los naturalistas que cultivan su ciencia desde un punto de vista filosófico: punto de vista que ni ahora, ni en tiempo alguno, ha excluído en los verdaderos «filósofos de la naturaleza» la indagación experimental de los datos sensibles para sus construcciones.

Aunque el sentido de Preyer es monista, considera a los seres (o más bien, para usar su terminología, a los cuerpos) vivos, como un orden particular, distinto de los cuerpos inorgánicos que—con razón—estima brutos y muertos, hasta el punto de dar a entender que acaso los diversos materiales y terrenos de nuestro globo sean restos de organismos antiguos, como desde luego lo son muchos. No por esto se forma idea clara de lo que el astro representa en su totalidad, como un sér, ni lo incluye entre los organismos vivientes, ni sale aún, por tanto, de la concepción dualista de la naturaleza, hasta llegar a estimar la vida, al modo de Häckel, como una esfera particular de aquélla, y a la Fisiología, como una «aplicación» de la Física, la Química, la Morfología *generales*, etc., a dicha esfera.—En cuanto a la Psicología, considera las funciones psíquicas, como todas, estrictamente ligadas

y dependientes a un *substratum* material, que constituye su órgano, y que es el protoplasma en los seres inferiores (incluso, tal vez, las plantas) y las células nerviosas en los organismos animales superiores: funciones que en sus dos formas, sensación y
movimiento, se producen como reacciones contra el
estímulo de los excitantes exteriores, cuando alcanzan cierta intensidad, y que van acompañadas de acciones mecánicas, físicas y químicas, cuyo estudio
es objeto, respectivamente, de la Psicofísica y la
Psicoquímica. Por último, dichas funciones se desenvuelven en estos términos: la sensación, de una
parte, en sentimiento de placer y dolor; de otra, en
la percepción, cuando localizamos la sensación en
el tiempo y el espacio; y final y supremamente, en
la idea, cuando a dicha percepción añadimos la
causalidad. Por su parte, el movimiento se hace voluntad, que en ellos se encarna y anuncia.

La primera edición del presente libro (al cual
había ya precedido en 1880 un ensayo intitulado
Psicogénesis y publicado en sus *Hechos y problemas de la ciencia natural)* apareció en 1881; y la
segunda, en 1884. Su asunto se enlaza, en la mente
del autor, a su *Fisiología del embrión* (1), como
un segundo momento en el examen de la evolución
del individuo, a saber: el de sus primeros años (los

_____

(1) De la cual se halla en prensa—si es que ya no ha apare-
cido—una traducción francesa del Dr. Wiet.

tres primeros) de su vida independiente, después de estudiado el período de su vida intrauterina. Sin embargo, el autor ha creído que, aun tratándose de esta época, todavía tan rudimentaria, debía separar el desarrollo psíquico del físico, y limitarse a consignar en su libro los hechos fundamentales de aquél. Estos hechos, principalmente tomados de la observación diaria de su hijo, por la mañana, a mediodía y por la tarde, hasta cumplir los tres años, y resumidos sustancialmente, constituyen el fondo del libro.

Con ser de extremada importancia sus resultados generales, que se podría decir, su utilidad máxima se encuentra, como dice el traductor, en ofrecer un programa de observaciones y experimentos acerca de las cuestiones que estudia y del método aproximado para ello. El examen en este libro, como ya se ha dicho, versa sobre un solo niño, aislado, sin hermanos, aunque sometido a las condiciones usuales, en vez de recaer sobre la comparación del desarrollo psíquico en varios individuos, pero sin excluir alguna referencia en este orden. El procedimiento del autor se explica, entre otras razones, por su punto de vista general con respecto al origen de las actividades psíquicas, para el cual importaba sobremanera estudiar la «psicogénesis» en su mayor simplicidad, aparte de influjos que pudieran perturbar y oscurecer su observación.

Este punto de vista es que no debemos representarnos el alma del niño como la *tabula rasa* de otros tiempos, *in qua nihil esse pictus*, sino como la combinación de aptitudes hereditarias con las excitadas por la acción del medio. El niño trae ya «escritas» en su psiquis muchas cosas antes de nacer; y las funciones fundamentales que en este orden se revelan después de salir al mundo exterior son otras tantas aptitudes potenciales, primitivas y embrionarias, que las nuevas condiciones del medio van estimulando. Estas aptitudes—al menos, la de sentir—deben existir ya en el óvulo fecundado, o más bien en aquellos de sus elementos celulares a cuyas expensas se constituyen luego las hojas del blastoderma y que poseen facultades de movimiento y de una especie de sensación obtusa, análogas a las de un amiba y producidas por la acumulación de impresiones sensitivas durante una serie de generaciones incalculable. Estas facultades son casi latentes e imperceptibles en el feto, protegido de las excitaciones externas, y muy visibles en el recien nacido. La distinción de lo que en la vida psíquica de éste corresponde a la acción del medio y de lo que corresponde a la herencia (distinción que ya había hecho Hartmann en el animal y en el hombre) es el principal objetivo del libro de Preyer.

La psicogénesis—dice—semeja al curso de un río: sus fuentes son misteriosas; su curso esparce por doquiera la vida; y acaba en el mar, de donde nació. Por esto, «a todo el que observa al niño—fisiólogo o filósofo, maestro o pedagogo, médico o psicólogo, filántropo o sacerdote —se ofrecen con insistencia y por sí mismas, bajo la forma plácida de aquella risueña cara de rosa, las cuestiones más profundas, cuestiones tan impenetrables como el gran misterio del nacimiento y la muerte.»

II

El plan del libro lo da el razonamiento siguiente: Siendo «la base de todo desarrollo psíquico» la actividad de los sentidos en sus cuatro momentos (excitación, sensación, percepción, idea); y teniendo capital interés para comprender lo que pasa en el adulto, que piensa por sí, obra según su voluntad y es responsable, para saber lo que pasa en el párvulo, irresponsable, sin voluntad precisa, y que no piensa todavía, se debe comenzar el estudio por el desenvolvimiento de los sentidos. Este estudio constituye la primera parte del libro (155 páginas); la segunda (134 páginas) abraza el desarrollo de la voluntad, indicado en los movimientos del niño; y la tercera y última (176 páginas) examina la evolución de la inteligencia, hasta concluir con la génesis de lo que llama «el sentimiento del *yo*.» Cada una de estas partes (a las cuales aporta el autor con frecuencia datos de la psicología animal) termina con un capítulo, donde se condensan los resultados generales de la esfera de observaciones correspon-

dientes; y a todo ello sigue un *Apéndice* (91 páginas), dividido en tres secciones y que presenta datos referentes al modo como los niños aprenden a
hablar, a los defectos, imperfecciones y retrasos en
el desarrollo psíquico de sus primeros años, y al
aprendizaje de la visión por los ciegos de nacimiento, cuando están recién operados.

Determinando más al pormenor este plan, se
debe notar los siguientes extremos: En la primera
parte, el cap. I, que es el más extenso de ella, trata
de la vista, y se subdivide, para estudiar este sentido: *a*) en la percepción de la luz; *b*) en la de los
colores; *c*) en los movimientos de los párpados;
d) en los de los ojos; *c*) en la dirección de la mirada;
f) en la visión a distancia variable, y *g*) en la interpretación de las sensaciones visuales.—El cap. II
tiene por objeto el oído, y considera: *a*) la sordera
del recién nacido, y *b*) sus primeras sensaciones y
percepciones auditivas.—El III expone la génesis
del tacto: *a*) en la sensibilidad para el contacto;
b) en las primeras percepciones táctiles, y *c*) en la
sensación de temperatura.—El IV estudia el gusto:
a) en la sensibilidad del recién nacido, y *b*) en la
comparación de las impresiones gustuales.—El V
que versa sobre el olfato, lo examina: *a*) en el recién nacido, y *b*) en la distinción de las sensaciones
olfativas.—En el cap. VI, se estudian las sensaciones y emociones orgánicas, por este orden: *a*) las de
bienestar; *b*) las de malestar; *c*) las de hambre y

sed; *d*) la saciedad; *e*) el cansancio; *f*) el miedo, y *g*) el asombro.

En casi todos estos capítulos se añade una sección concerniente a la observación de los animales recien nacidos. El pormenor es rico a veces, y siempre interesante; pero en la imposibilidad de entrar en su examen, bastará, para dar idea de la trascendencia de esta primera parte, resumir el cap. VIII, en que el autor expone los resultados generales que saca de los datos expuestos.

1. Antes del nacimiento, en el feto, sólo las sensaciones tactiles son posibles; y esto, en cuanto se refiere al simple contacto o presión; ni aun las sensaciones generales orgánicas pueden tener lugar.

2. En cuanto al sentido de la vista, el niño nada ve, propiamente, durante las primeras semanas, limitándose a distinguir la luz de la oscuridad; la percepción de la diversidad de colores tarda algunos meses, y recae más bien sobre la de su intensidad luminosa, comenzando por el amarillo y el rojo, sin diferenciar del gris, el verde y el azul, hasta el fin del segundo año de la vida. La rápida oclusión de los párpados, como movimiento reflejo defensivo, falta en las primeras semanas; y como signo de perfección de la visión, comienza después del segundo mes. Los ojos están más abiertos en las sensaciones agradables que en las dolorosas: los movimientosdel globo del ojo no están coordinados desde el principio para la visión distinta, sino que comien-

zan por ser muy asimétricos, haciéndose simétricos y coordinados poco a poco. En cuanto a la dirección de la mirada, al principio, se pierde en el vacío; después se aparta de los objetos que se hallan en la línea visual cuando otro resalta vivamente; luego va siguiendo con la cabeza, y, por último, con la vista sólo, el movimiento del objeto: pasando así de la visión vaga a la distinta, como pasa, por fin, del ver al mirar, cuarta fase en que la acomodación ya existe. Harto más (años) tarda en venir la aptitud para interpretar las sensaciones: la trasparencia, el brillo, las sombras, la tercera dimensión del espacio (el grueso), la evaluación de las distancias, muy imperfecta todavía a los tres años, y aquellas percepciones para las que se combina con la vista el tacto, como la del bulto. El mecanismo de la visión es innato; pero su estado, rudimentario en el hombre, al contrario de lo que en muchos animales acontece, perfeccionándose, en cambio, por extremo durante su vida: la teoría empírica parece, pues, vencer aquí a la nativista.

3. El recién nacido puede ser tenido por sordo, como todos los mamíferos, durante las primeras horas, y aun días; ya porque, antes de establecerse la respiración, no hay aire en el oído medio, ya porque el conducto auditivo no es permeable, ya porque el tímpano está demasiado oblicuo. El mecanismo auditivo, inferior en su elemento hereditario al del animal, va perfeccionándose y distinguiendo lo

grave de lo agudo, los sonidos sibilantes, el canto, las palabras, antes de pronunciar las cuales, aprenden muchos niños a cantar; desde el segundo o tercer mes, perciben la dirección del sonido. Una observación más atenta destruye la preocupación acerca de la superioridad usual de la vista respecto del oído, que es, por el contrario, el sentido preponderante en la psicogénesis, y muy delicado ya, poco después del nacimiento.

4. La sensibilidad para el contacto es muy escasa en los comienzos de la vida exterior; la relativa a la temperatura se forma probablemente por la serie de transiciones de los baños templados al aire ambiente; y la que muestra para el dolor localizado en puntos concretos de la piel, es muy obtusa: todo ello parece depender, no de ésta, pues los nervios cutáneos son los que más frecuentes excitaciones han sufrido en la vida intrauterina, sino del estado imperfecto del cerebro.

5. El gusto es, de todos los sentidos particulares, el que aparece más perfecto desde el nacimiento. Aunque poco delicado al principio para apreciar diferencias intensivas, el recien nacido, contra lo que acontece en los demás, distingue desde el primer momento el sabor azucarado del amargo, del salado y del ácido. (¿Será por esto mismo, como acontece con los sentidos de los animales, menos educable y perceptible que los otros?)

6. Algo semejante acontece también con el olfa-

to. Hallándose llena de líquido la cavidad nasal del feto, es evidente que, ni antes de nacer, ni hasta pasado algún tiempo, puede despertarse el sentido del olor en el niño. Pero este tiempo es muy corto (a veces, de una hora); y cuando ha transcurrido, el olfato se ejerce con bastante precisión y delicadeza. Nótese que esta rápida perfección del proceso olfativo coincide con su escasa plasticidad ulterior en la vida del hombre adulto.

7. En cuanto a los sentimientos que nacen de las diversas sensaciones, parece que, en las primeras épocas, son muy poco numerosos; pero, en cambio, llegan a mostrar, en ocasiones, bastante intensidad, aunque escasa duración, por la fatiga que pronto les sigue. La alternativa de placer y dolor que acompaña a las impresiones del niño contribuye a formar su memoria y sus demás facultades mentales y a que vaya apareciendo el deseo de emociones agradables, germen primitivo de la voluntad. La sorpresa y el miedo son los más enérgicos factores de este proceso.

III

La *segunda parte* del libro de Preyer tiene por asunto el desarrollo de la voluntad, que en un corto prefacio enlaza el autor con la parte precedente, como ya se ha dicho, en estos términos: sin percepción, no hay voluntad; la distinción entre las sensa-

ciones gratas y las ingratas despierta el deseo y la
aversión; de la experiencia, se engendra, pues, la
voluntad, que no puede existir en el recién nacido,
y de la voluntad, a su vez, nace la conducta, expre-
sada por ciertos movimientos musculares. El estudio de estos movimientos, como signos de la voluntad del niño, es el objeto del primer capítulo (VIII)
de esta sección, el cual comprende: *a)* el modo de
conocer esa voluntad, y *b)* la clasificación de aquellos movimientos, cuyo examen, por separado, constituye el asunto de los capítulos siguientes. Comienza por los que llama impulsivos (IX), y conti-
núa por los reflejos (X), los instintivos (XI) y los
representativos, que a su vez abrazan tres grandes
grupos: los imitativos (XII), los expresivos (XIII) y
los reflexivos (XIV).

Las conclusiones que de todos sus experimentos
y observaciones deduce el autor y consigna en un
último capítulo (XV) son, principalmente, las que
siguen:

1. Los movimientos descritos pueden agruparse
en dos órdenes: *a)* los que nacen de una causa puramente física, a saber, los impulsivos y los reflejos;
b) los que, además de esta causa, tienen otra psíquica, y son los instintivos y los representativos. El
primero de estos cuatro nombres designa aquellos
que se verifican ya en el feto, aunque el nacimiento
los aumenta en extremo, tanto por la ampliación del
medio cuanto por el influjo de la respiración; nacen

meramente por el estímulo de los órganos centrales, y en especial de la médula, sin previa excitación periférica; por tanto, sin fin alguno e inconscientemente.—Los reflejos requieren, por el contrario, esta excitación (que necesita ser mayor que en el adulto), sea de la luz, el sonido, el contacto, etcétera; comienzan por ser muy lentos, aumentan cada vez más en rapidez y se hacen conscientes después de ejecutados.—Los instintivos exigen una situación especial psíquica, difícil de definir, o un sentimiento, que da el impulso motor; tienen un fin determinado, y son hereditarios e inconscientes.

2. Salvo en una parte de estos últimos, hasta aquí para nada interviene la capa cortical del cerebro. Pero hay un cuarto grupo de movimientos, en que siempre entra en acción: los representativos, que nacen a consecuencia de las ideas (fenómenos psíquicos ligados a procesos orgánicos en las células ganglionares del cerebro), tan luego como la excitación que éstas producen llega a los centros motores inferiores y son causa en parte de las contracciones adecuadas al fin. Estas se subdividen en tres grados. Es el primero el de los movimientos imitativos, que suponen ya la elaboración de las impresiones en el centro y la aplicación de la idea de causalidad; vienen después los expresivos, como la sonrisa y la risa, el fruncimiento de los labios y el beso, el llanto y el grito, el ceño, los actos de sacudir y volver la cabeza, de encogerse de hombros,

pedir y señalar con la mano; por último, aparecen los reflexivos, especial y estrictamente voluntarios, inspirados por motivos. Con ellos posee ya el niño todos los elementos de que ha de depender ya su vida ulterior: puesto que piden, con efecto, no sólo sensación y aplicación de la causalidad, sino una actividad ideal capaz de representarse y dirigir toda una serie de contracciones musculares, asociándolas con dicha representación, como la de su fin conscio y deliberado. Además, recaen siempre sobre movimientos primarios preexistentes, que les sirven de elementos para sus planes, y su proceso se reduce a dos solas y contrarias funciones: *a)* coordinar movimientos, antes aislados, y *b)* aislar movimientos, asociados hasta entonces. Por esto, cuando faltan la sensación y la representación (v. gr., en el sueño), no hay voluntad.

3.   Consiste ésta, puramente, según Preyer, en la combinación de cuatro factores, a saber:

a)   El deseo, que implica representaciones intelectuales, y no cabe, por tanto, al principio, en el niño. Las huellas que en los órganos centrales van dejando las reacciones elementales contra las impresiones desagradables, es menester que se hayan acumulado en cantidad suficiente para permitir: 1) la asociación del recuerdo del movimiento con la excitación a que responde la percepción del remedio contra dicha excitación; 2) su representación, y 5), por último, el movimiento, que indica ya el deseo consciente del fin.

b) El sentido muscular. Existe ya en el feto y en toda contracción, incluso las impulsivas; si no, ¿cómo sería posible adquirir aquella adecuación exacta de las contracciones a su fin, que más tarde se revela en los movimientos voluntarios? Pero estas primeras sensaciones no entran en la conciencia (en el sentido en que entiende este término Preyer), ni contribuyen, por tanto, a formar la voluntad.

c) La inhibición voluntaria. Consiste en la facultad de impedir un movimiento nacido de una idea motriz (despertada por impresiones sensibles o por recuerdos), ante otras ideas, que nos representan las malas consecuencias que tendría el movimiento proyectado, si llegásemos a ejecutarlo.

d) La atención, que puede ser forzada por impresiones enérgicas, o voluntaria: toda atención concentrada tiene este último carácter, así como todo acto de voluntad supone atención. Al principio, la concentración es imposible; la atención, sumamente débil, no puede detenerse sobre un mismo objeto sino breves instantes; el cansancio, compañero de la tensión de espíritu que esto pide, explica la versatilidad y volubilidad del niño, v. gr., en el rápido cambio de unos a otros juegos.

Bajo un cierto aspecto, la obra de la educación es vigilar las ideas motrices del niño, procurando sustituirlas por otras, cuando son defectuosas. En

esto, hay que tener en cuenta la extremada debilidad de su voluntad, que recuerda a veces los fenómenos del hipnotismo de los adultos: así se puede
hacer creer, por ejemplo, a niños hasta de tres y
cuatro años, que ha desaparecido el dolor producido por un golpe, que no tienen ya sed, que no están
cansados, etc., cuando no se quejan demasiado, y
con tal de que la aserción contraria a su estado sea
muy terminante. Mas por esta misma debilidad para
concentrar su atención, no se les puede hipnotizar.

Otra observación es la de que, si nos acostum-
bramos a ceder ante los deseos del niño, dificulta-
mos el desarrollo de su facultad de inhibición voluntaria, y, por lo tanto, la formación de su carácter
y de su energía para dominar ulteriormente sus ca-
prichos. Debe suponerse en el niño la noción de la
obediencia, con lo cual se le despertará mejor que
pretendiendo inculcársela; no mandarle ni prohibir-
le sino cosas justas, y explicarle la razón de ello a
medida que su inteligencia vaya desarrollándose;
pero el cumplimiento de las órdenes dadas debe ser
dulce, paciente e inflexible, «para conservar al carácter la configuración que se le ha comenzado a
dar».

IV

La *parte tercera* trata del desarrollo de la inteligencia, o «comprensión». Contiene, después de un
breve preliminar, cinco capítulos, como ya se dijo,

consagrados, respectivamente, el primero (XVI), al examen del desenvolvimiento de la inteligencia del niño, independientemente del lenguaje; el segundo (XVII), al aprendizaje de éste, a sus anomalías en el adulto, como medios de investigación para este problema; a las condiciones orgánicas necesarias para aprender a hablar; al estudio paralelo de las imperfecciones del niño en este proceso con las perturbaciones del adulto, estudio hecho con suma prolijidad de pormenores, y, por último, al desarrollo del lenguaje en el niño; en el tercero (XVIII), presenta los datos de la observación sistemática de su hijo durante los tres primeros años, documento de los más interesantes; y en el cuarto (XIX), examina la génesis del «sentimiento—que llama—del yo». El capítulo XX resume los resultados de todos los hechos aducidos. Después vienen los tres apéndices de que ya se hizo mérito.

Este capítulo de resultados generales es de mucha importancia:

I. Ante todo, el autor pone particular empeño en afirmar (tan en contra de las ideas reinantes entre los principales psicólogos de la dirección fisiológica) la constitución de nociones en el niño antes y sin auxilio del lenguaje:

a) La pluralidad de impresiones sensitivas va dejando en nosotros huellas correspondientes, cuya serie constituye la memoria; estas impresiones se asocian cada vez de una manera más íntima con los movimientos de que dependen (v. gr., el sabor de la leche con el de mamar), de tal suerte, que excitada, por ejemplo, la célula sensitiva, resulta excitada la célula motriz. Entonces, el niño va distinguiendo y separando ambos elementos, y así se forman las primeras percepciones, a saber: determinando la sensación en el tiempo y el espacio; hasta que, a fuerza de acumular percepciones sobre percepciones, las condensamos y comenzamos a atribuirles causa (v. gr., la leche, para la sensación de sabor que experimenta el niño), construyendo así la noción, la idea, síntesis de una pluralidad de caracteres, pronta ya a surgir ante cualquiera impresión nueva. Estas nociones: 1) no son innatas, porque necesitan para aparecer una larga serie de impresiones sensitivas; 2) y así, cada individuo tiene que constituírlas exactamente del mismo modo que sus antepasados, por lo cual tampoco son hereditarias en su concreción; 3) lo único hereditario es la aptitud funcional para formar percepciones y representaciones, reobrando y respondiendo a las excitaciones diversas: aptitud que va aumentando en cada generación con lo que ella añade sobre lo que acumularon las generaciones anteriores; 4) de estos elementos, los que no son útiles tienden a desaparecer; los esfuerzos profundos, a persistir, y hacen cada vez más permeables las vías de asociación entre los centros excitados, y más fácil, por tanto, la formación de las ideas.

b) De todas las funciones cerebrales, «una de las más antiguas» es esta de ordenar las sensaciones: función que, como Kant dice, es anterior hasta al ejercicio de los sentidos (se entiende en el hombre «actual») y tan independiente del lenguaje, sea articulado, de gestos o de actitudes, como lo muestran los ejemplos, no sólo del niño normal, sino del sordomudo, el microcéfalo y los animales superiores. Así se llena la laguna entre el hombre y éstos. Aun en el adulto, las «conclusiones inconscientes» de Helmholz, y «a que se podría llamar más bien ideas, juicios y conclusiones *madas*», que dan ejemplo de una actividad mental perfectamente lógica, sin necesidad de palabra, son hereditarias, involuntarias e irreformables por la reflexión, porque tienen que constituirse forzosamente del mismo modo por cada individuo que el que tuvieron de formarlas sus antecesores, aunque derivándose siempre de la experiencia. Es algo semejante a la aptitud de la gallina para poner huevos, lo mismo que los puso su madre; pero sólo después de cierta edad y tiempo. De esta suerte, el niño, el sordomudo, etc., razonan y obran lógicamente, sin necesitar para nada el lenguaje.

2. Pero aunque el lenguaje, lejos de ser indispensable para la formación de las nociones, únicamente puede adquirirse cuando ya se han formado algunas de éstas, desempeña, sin embargo, una función importantísima para el desarrollo de la inteli-

gencia. Sólo por su medio puede precisar el niño sus primeras nociones vagas, y desenvolverse en relación con el medio social. Se forma en cada individuo por la imitación, conforme va descubriendo que puede expresar sus representaciones útilmente para su bienestar, espirando aire y ejecutando ciertos movimientos de la laringe, la boca y la lengua. Estudiando el autor el proceso de la adquisición del lenguaje por su hijo y otros niños, comparativamente con los resultados de la Patología respecto de las perturbaciones de la palabra en el adulto, llega Preyer a las siguientes principales conclusiones: *a)* Todas las formas conocidas de estas perturbaciones de la palabra y los gestos en el adulto hallan por completo sus correspondientes en el niño que comienza a hablar; el niño no habla *todavía*, porque sus órganos impresivos, centrales y expresivos se hallan imperfectamente desarrollados; el adulto enfermo no habla *ya*, porque sus órganos, o no existen, o no funcionan.—*b)* El niño normal comprende las palabras que pronunciamos en su presencia mucho antes de ser capaz de imitar los sonidos que la constituyen.—*c)* Igualmente produce por sí mismo, antes de hablar (o sea de imitar correctamente los sonidos vocales), todos o casi todos los que han de figurar en su lengua futura, y aun otros que nunca han de entrar en ella, complaciéndose mucho en este ejercicio.—*d)* El orden según el cual los niños pronuncian las vocales varía en cada cual; pero, contra lo que afirman Maupertuis y Buffon (seguidos todavía por Bernard Prez), no se rige por el principio del mínimum de esfuerzo, que sólo entra cuando el niño comienza ya a hablar intencionalmente, sino que depende de muchos factores (cerebro, dientes, dimensiones de la lengua, agudeza de oído, motilidad, etc.)—e) Lo único hereditario en el lenguaje es la plasticidad del aparato correspondiente, grandísima durante los primeros años; cualquier niño puede aprender perfectamente cualquier lengua, con tal que la oiga hablar desde que nace.

Resumiendo aquí ahora otros resultados de las observaciones del autor, puede decirse que la marcha del niño en la adquisición del lenguaje es la siguiente: 1) el niño empieza por tener ideas y representaciones; 2) luego repite los sonidos; 3) por último, asocia las representaciones con los sonidos. La repetición tiene una doble fuente: los sonidos que espontáneamente produce, a partir de los gritos para satisfacer su necesidad de moverse y de dar expresión a sus deseos y los sonidos que oye a su alrededor; pero, aunque opina otra cosa Max Müller, y dejando a un lado las cuestiones entre la interjección y la onomatopeya, siempre ha de buscarse en la imitación el origen del lenguaje; es decir, en la repetición de ciertas vibraciones timpánicas por medio de ciertas vibraciones de las cuerdas vocales; y en esta imitación, la vista juega tanto papel como el oído, según se advierte por el ejemplo de los sordomudos. Tres modos hay de aprender a hablar: 1.º, precediendo la representación al nombre; 2.º, la justa repetición de un sonido, como tal sonido, sin asociarle la noción correspondiente, sin darle el valor del signo; 3.º, la onomatopeya, interjecciones en que la idea y el sonido se presentan juntas. Adviértase que de estos procedimientos, el segundo (la ecolalia) excitará más tarde al niño a inquirir la noción; pero exige mayor madurez en él y mayor fatiga. Bien se puede sacar de aquí una conclusión contra el verbalismo escolar al uso. Con esto se enlaza una observación de Preyer, a saber: que es muy importante atender con la mayor solicitud a la actividad interrogativa del niño apenas empieza a despertarse, y apresurarse a dar a sus preguntas respuestas exactas, aunque acomodadas a su comprensión, si se quiere evitar las perturbaciones lógicas que el sistema contrario produce más tarde en su desarrollo mental.

3. «Sentimiento del *Yo*».—El niño no llega a poseer la conciencia de sí mismo y de los órganos de su cuerpo como propios sino después de una larga y a menudo dolorosa experiencia, aunque mucho antes de que aprenda a nombrarse ni a decir *yo*.

Pero las observaciones de Preyer no le autorizan a afirmar la unidad, indisolubilidad y continuidad de ese *yo*. Así, mientras el niño considera a sus propios miembros como objetos extraños, ¿a qué

«parte del sujeto» parecen tales? Hay todavía en él
dos *yos*: el cerebral, que ve, oye y aun habla; el medular (el «alma medular» de Pflüger), que no hace
más que sentir; y ambos permanecen aislados, en
tanto que sus órganos respectivos están unidos
apenas anatómicamente, y nada en sus funciones.
Los niños sin cerebro se agitan, maman y hasta gri-
tan, por esta independencia de la medula y demás
centros anejos respecto de los hemisferios cerebrales. Hay más. Al principio, los centros particulares
para las percepciones de los diversos sentidos funcionan por separado, hasta que la frecuente simul-
taneidad de impresiones en varios sentidos va constituyendo vínculos intercentrales de asociación; y
los diversos centros superiores en que se forman
las ideas, y, por tanto, la del *yo*, van concurriendo
a construir esta noción abstracta, que sólo pertenece al hombre adulto y que piensa, y donde se condensan innumerables representaciones aisladas. El
niño, en cuyo organismo no se han desenvuelto aún
los lazos entre los centros, o sea —para hablar «en
lenguaje psicológico»—que carece de la facultad de
abstraer, no puede fundir estos *yos*, particulares en
la unidad a que convergen. La coexcitación de regiones cerebrales, funcionalmente distintas cuando se
excita una sola de ellas (después de haber tenido
lugar muchas excitaciones simultáneas de esas partes aisladas), constituye la base fisiológica del proceso psíquico, cuyo supremo resultado es aquella

noción. Así, aun en el adulto, el *yo*, lejos de ser una unidad, no aparece sino cuando todos los sentidos están despiertos, cada cual de ellos con su *yo;* y se borra, por ejemplo, en el sueño profundo y sin ensueños. No por esto es el *yo* una mera suma, sino una asociación, donde cada factor tiene su propio lugar y no puede ser sustituido. Esta asociación, o sea esta coexcitación, que une en el niño a la sensación con la voluntad y el pensamiento, va creciendo constantemente con nuestras impresiones sensitivas, y aumentando, a la vez, la sustancia gris del cerebro y el número de los filetes intercentrales. Así, el niño, que al principio toma sus propios miembros como otros tantos juguetes, va reconociéndolos como parte suya, conforme a estos momentos principales: *a)* la uniformidad con que se ofrecen a sus sentidos; *b)* la función que desempeñan como mediadores entre él y el mundo exterior, que viene todo a referirse a su cuerpo; *c)* la experiencia que adquiere de poderlos mover cuando juega con ellos, sintiéndose de este modo como causa. Así se eleva gradualmente sobre el animal, del cual en nada se diferencia antes de nacer, mientras duerme el sueño intrauterino, y muy poco en los primeros tiempos, después que el nacimiento lo despierta y la respiración pulmonar señala el principio de su actividad exterior, hasta que adquiere las proporciones y privilegios del *yo* responsable y borra los vestigios de su origen. ¿Cómo se enlazan tan

distantes extremos? El estudio del alma del niño nos
da la solución del enigma.

V

Con estas o parecidas palabras concluye el libro
de Preyer, salvo los tres apéndices ya indicados y
destinados a aducir datos que ilustran algunas de
las cuestiones a que concierne el libro. En cuanto
al mérito de éste, es indudable, como quiera que
representa el ensayo general, quizá hasta hoy más
importante, sobre el desarrollo psíquico del niño en
sus primeros años, hecho sobre la base de una observación cuidadosa y por demás inteligente, prepa-
rada por trabajos especiales sobre la fisiología del
sistema nervioso y por una amplia cultura general.
Esto es cuanto cabe decir, tratándose de un asunto
tan lleno de oscuridad todavía, y que, por lo demás,
requiere muy otra competencia de la que tiene en
este asunto el autor de los presentes extractos. Por
esto hay que acallar las observaciones que no puede menos de sugerir la lectura de las observaciones
y conclusiones de Preyer, especialmente sobre la
psicología de que parte, v. gr., para la clasificación
de las funciones psíquicas y la redacción de lo que
se podría llamar su programa; o bien sobre cuanto
se refiere a la génesis de la conciencia unitaria que
el niño forma de sí mismo y se expresa en el nombre yo.

En general, y no obstante la circunspección y mesura con que el autor procura ponerse en guardia contra hipótesis temerarias, éstas se deslizan a veces, cediendo quizás más al influjo de principios que de antemano trae elaborados para sus estudios que a la necesidad de concluír desde lo particular a lo general, inherente al espíritu humano.

Pero toda observación en pro o en contra de las afirmaciones contenidas en un libro de esta clase pide un trabajo que es de desear halle tan concienzudos obreros como el autor de *El alma del niño*. Para estimular a este fin, conviene insertar a continuación algunas consideraciones de Preyer sobre el método por él observado en sus estudios:

«Para dar a mis observaciones (dice a propósito de la palabra) el mayor grado posible de precisión y de certeza, me he impuesto sin excepción, y del modo más formal, la observancia de las reglas siguientes:

»1.ª   No he admitido una sola observación cuya exactitud no haya comprobado yo mismo con la más completa certidumbre. Por lo menos, hay que dejar a un lado el testimonio de las niñeras, ayas y otras personas sin práctica en el arte de la obsevación científica. Me ha sido fácil muchas veces, por medio de un interrogatorio breve y tranquilo, conducir a esas personas a reconocer por sí mismas lo infundado de sus afirmaciones, en particular cuando se trataba de pruebas de la «sagacidad» de los niños...

»2.ª Toda observación debe escribirse al momento en un libro de notas, constantemente dispuesto. A menudo, cuando no se hace así, al cabo de una hora se han olvidado ya las particularidades de la observación, lo cual se comprende bastante; son poco interesantes en sí mismas (v. gr., las de los sonidos articulados faltos de sentido), y no adquieren valor sino por sus relaciones con otras.

»3.ª Mientras se observa, hay que evitar toda excitación artificial del niño, y procurar, todo lo más posible, hacer la observación sin que vea al observador.

»4.ª Hasta donde quepa, hay que impedir todo amaneramiento para moldear artificiosamente al niño de uno o dos años. Yo lo he logrado con respecto a mi hijo, que no ha comenzado hasta muy tarde a aprender las gracias que se suele enseñar a los niños, ni ha sido atormentado para que aprendiese de memoria fabulitas que no se hallaba en estado de comprender. Sin embargo, como lo muestran mis observaciones, no ha sido posible evitar todo amoldamiento inútil. Mientras más precozmente se enseñe a un párvulo a ejecutar los actos ceremoniosos u otros movimientos convencionales cuyo sentido ignora, más rápidamente perderá su natural lleno de poesía, tan fugitivo además, y que no volverá nunca, y más difícil será observar su desarrollo psíquico, así falsificado.

»5.ª Toda interrupción de las observaciones que

haya de durar más de un día exige que se dejen confiadas a una persona interinamente encargada de este trabajo; al regreso del observador habitual hay que comprobar los hechos observados y anotados en su ausencia.

»6.ª   Hay que observar al niño tres veces al día, y notar del mismo modo todo cuanto se presente ocasionalmente, que los hechos metódicamente investigados para responder a cuestiones determinadas de antemano.»

1857.

LA MORAL EN LA ESCUELA,
SEGÚN EL DR. HARRIS

El eminente filósofo y pedagogo, director del *Diario de Filosofía especulativa* que se publica en San Luis *(Journal of speculative Philosophy)* y que desde 1889 desempeña el cargo de Jefe *(Commissioner)* del Departamento de Educación de los Estados Unidos, ha publicado un trabajo sobre el siguiente problema: ¿Se puede enseñar moral en las escuelas públicas, prescindiendo de toda confesión particular religiosa? He aquí el resumen de sus principales argumentos.

1) Hay que distinguir entre instruir en la teoría de la moral e inculcar hábitos morales: el estudio de la filosofía moral es una disciplina intelectual, que no supie a la moralidad práctica, como el estudio de la filosofía de la digestión no satisface el hambre. La teoría moral es un importante auxilio para la moralidad; pero ésta se refiere estrictamente a la voluntad, a la conducta, al hábito de obrar.

2) Otra importante distinción hay que hacer entre la escuela y los demás órganos de la educa-

ción: la familia, la Iglesia, el Estado y la sociedad
civil, la opinión pública. Esta cuestión tiene mucha
importancia, pues nuestros lectores saben que sobre
ella hay tres opiniones distintas: 1.ª La que indica
Mr. Harris. 2.ª La escuela no es una institución con
fin peculiar, sino derivado de otras. Entre los que
esto piensan, *a)* unos la consideran como supleto-
ria de la familia, sin otra base propia que una especie de delegación de ésta, delegación a que la lleva
su impotencia para cumplir sus fines (por ignorancia, indiferencia, falta de tiempo, etc.), y que debe
cesar tan luego como su imposibilidad cese; la teoría de Rousseau tiene este sentido; *b)* los que sostienen que la educación es una función peculiar y
aun exclusiva del Estado alegan que la desempeña
por medio de la escuela, como propio órgano suyo,
queriendo renovar la teoría espartana, a que tanto
ha propendido la revolución moderna; *c)* otros con-
ciben que la Iglesia, supremamente, y en su límite
y bajo ésta la familia, son los institutos fundamentales de la educación, de donde dimana toda la
autoridad y fin de la escuela primaria. 3.ª Esta
tiene una misión sustantiva, independiente, aunque
armónica con la de todos los demás órdenes; dicha
misión puede ser, por ejemplo, la educación en
común, que forma al niño y al joven (ya que abraza
todo el período de su preparación *general)* en una
sociedad distinta radicalmente de la familia; pues
viene a ser como una reducción de la sociedad toda

y sus múltiples relaciones, para las cuales prepara, por consiguiente, en otro sentido y con otro alcance que la sociedad doméstica.

Volviendo a Mr. Harris, dice con razón que muchos abogados de la enseñanza confesional en la escuela parecen aceptar tácitamente que ésta es la única institución educativa, cuando dicen: «si excluís la religión en la escuela, la excluís de la vida.» Pero si definimos la función de la escuela como la enseñanza de los principios de la buena conducta, del dominio de los medios para comunicarnos con nuestros semejantes, y del conocimiento de la idea general sobre el mundo, propia de cada tiempo, es evidente que hay otras fases esenciales de la educación reservadas a otros institutos. La escuela no debe al menos contrariar la obra de éstos, si no la refuerza; pero no puede tomar el lugar, v. gr., de la familia o de la Iglesia, por más que éstas abandonen su obra respectiva.

La responsabilidad debe colocarse donde corresponda. Si en la comunidad social hay irreligión, ateísmo práctico, es evidente que la Iglesia no tiene toda la eficacia que debiera y que la familia comparte la responsabilidad. Pero la escuela cumple su misión con sólo formar la conducta de sus discípulos y su conocimiento en las letras y en las ciencias; así como a la Iglesia incumbe la enseñanza de sus dogmas, y no la de la Aritmética o la Geografía.

3) Es un sofisma notorio el que encierra el siguiente argumento: «el Cristianismo es la base de nuestra civilización, y la Religión, la base de la moralidad; luego la escuela debe ser cristiana». Sin duda, contesta Mr. Harris, nuestra civilización descansa sobre la idea cristiana; pero exactamente lo mismo descansa también sobre nuestra ciencia, nuestra jurisprudencia, nuestra política y todas nuestras instituciones seculares. Sin la idea platónica de la naturaleza como una manifestación divina, la Humanidad no habría sido llevada a la investigación de sus fenómenos: ésta es una verdad histórica. Pero no se sigue de ella que el ceremonial religioso tenga que introducirse en la ciencia. Bien está que los hombres científicos sean también religiosos (a lo menos, de aquella Iglesia invisible de los creyentes espirituales); mas si por esto han de mezclar ciertas cosas, destruirán la ciencia y profanarán la religión. Por lo demás, lo mismo acontece con todas las otras esferas de la vida civil, y un mercader turco no es más honrado porque venda sus higos en nombre de Alá. Hasta sospechamos todos de un hombre que tan fuera de razón mezcla lo divino y lo humano.

4) La principal dificultad que origina este problema es la que muchos espíritus tienen para distinguir la religión de la moral. Si aquélla es el último fundamento de ésta, significará que la idea que el hombre se forma del primer principio de las cosas

determina sus restantes ideas sobre su origen y destino, y, por tanto, y en cierto respecto, su conducta. La idea india o budista, de un absoluto vacío y sin personalidad, tiene que producir una civilización radicalmente distinta de la que nace de la idea mahometana de Dios. El código ético del cristianismo difiere de todos los demás, sin duda. Pero esto es la moral, no la religión. La religión envuelve actos de devoción y sacrificio de un carácter ceremonial, y la moralidad se refiere a la conducta para con los demás y con nosotros mismos. Hasta tiene su ceremonial diferente el código que decimos de los respetos, cortesías y buenas maneras que debemos a los otros. La conducta moral se enseña mejor cuando no se mezcla la instrucción religiosa; quizá muchos de sus pormenores parecen demasiado secundarios para ponerlos al lado de la doctrina de nuestras relaciones con Dios. Estrictamente, los deberes morales son de hombre a hombre, tienen un carácter finito; mientras que el deber religioso—la salvación de las almas—oscurece las relaciones del hombre con la sociedad: aun sin llegar a aquellos primeros días del cristianismo, en que sus fieles huían a los desiertos para realizar una comunión más directa con Dios, sustrayéndose a la distracción de la vida social y considerando al mendigo, que simboliza el máximum de anulación de los intereses civiles, como el ser más cercano a la divinidad. No hace otra cosa Calderón en su *Gran Tea-*

tro del Mundo. La industria y la mendicidad son antagónicas.

5) La justicia es propiamente la virtud principal del orden civil y el fundamento del Estado político. Cada cual debe ser retribuído según sus obras. Un acto que daña a la sociedad es llamado delito y penado proporcionalmente. Ahora bien, si el Estado y la Iglesia no son independientes, la administración de justicia no es segura; la religión ha de mirar los delitos como pecados; ésta es su categoría; y el pecado no puede ser medido, pues es infinito; sin poder lavarlo pena finita alguna, sino tan sólo el arrepentimiento, que es a los ojos de aquélla tan eficaz cuando va acompañado de la pena del Estado como cuando no lo acompaña. El Código de Dracón, la muerte como única pena para todo delito, sería todavía deficiente ante la concepción del pecado. El Estado se destruiría con esta confusión, penetrando en lo más íntimo de la conciencia y deteniendo su acción ante el arrepentimiento. Las persecuciones religiosas llevadas a cabo, no en verdad por la Iglesia, mas sí por el Estado, asumiendo funciones eclesiásticas, han sido tan desastrosas, que el gran principio introducido en los Estados Unidos, de la separación entre ambas instituciones, va doquiera ganando la opinión de día en día.

6) Esta separación trae consigo la de la Iglesia y la escuela. Las ramas civiles de la educación: Lectura, Escritura, Aritmética, Geografía, Gramática,

Historia, habilitar al niño para participar de los tesoros acumulados por la experiencia humana en la literatura y la ciencia, y estos estudios son «ateos», si se entiende la palabra en el sentido de que, directamente, sólo se refieren al hombre y a la naturaleza, estrechando el vínculo del individuo con la especie humana, y dándole aptitud para cooperar a la victoria de ésta sobre aquélla; en todo lo cual hay un reflejo — sin duda — del principio religioso, pero no religión propiamente.

Los métodos de ésta son incompatibles con los de la escuela, que se debilita y padece (como también la religión a su vez) cuando se quiere confundir ambos órdenes. En el civil se trata de mantener despierto y crítico el pensamiento; en el religioso, la fe en la autoridad es el órgano supremo al cual han de subordinarse esas facultades críticas. La revelación tiene una forma alegórica y simbólica que se dirige a la fantasía, no sólo al pensamiento; y por esto, el entendimiento analítico esencial para la ciencia es hostil y excéntrico para con la verdad religiosa. De aquí que no conviene un sistema de alternativa y cambio brusco entre los estudios civiles y la contemplación religiosa. Por ejemplo: sucediendo una lección sobre el dogma a otra de Matemática o Física, se daña seriamente a la primera, y se van minando los fundamentos de la piedad; mientras que, de otro lado, el tono dogmático se infiltra en la enseñanza secular, con daño del espíritu crítico independiente del discípulo. Este no puede, con su inteligencia poco desarrollada, ejercitar un juicio sólido en las cosas sagradas, ni entender su racionalidad, que pide profunda cultura especulativa y práctica. De aquí la preparación solemne que ha establecido la Iglesia para rodear la instrucción religiosa de una atmósfera adecuada, y que, en tiempo y hasta lugar, auxilíe, en vez de contrariar, la impresión piadosa. Si Alemania, Austria y otros Estados señalan en el programa de sus escuelas tantas o cuantas horas por semana a las lecciones de religión, esto precisamente me permite apelar a la experiencia de todos los que han inspeccionado dichas escuelas, para que digan en conciencia si el valor y los resultados de esa enseñanza confirman o invalidan las anteriores observaciones. Francia, que hasta hace poco se hallaba en este caso; Alemania, que lo está todavía, ¿no son ciertamente, sobre todo la última, los pueblos más escépticos y donde más abunda el ateísmo en sus clases cultas? Y, al propio tiempo, cuando la acción de la enseñanza religiosa se ejerce de una manera enérgica en la escuela (v. gr., en las escuelas parroquiales), ¿no se resienten de ineficacia los estudios profanos?

7) La clasificación de los alumnos por sus creencias religiosas tiene un efecto positivamente inmoral. La enseñanza religiosa dada en las distintas escuelas confesionales acentúa enérgicamente las diferencias de fe, a fin de justificar la separa-

ción con que se aspira a precaver mutuamente a los
jóvenes que les están confiados del contagio de los
de otras comuniones. El espíritu de la escuela añade todavía mayor intensidad a este espíritu de di-
sensión, porque el carácter de la verdad teológica
no hace necesario, pero sí posible, que decaiga el
joven en el fanatismo y la mojigatería. «Si yo soy
oveja, mi vecino que va a la otra escuela es cabra,
y si Dios lo aborrece, no está bien que yo le tenga
amor. La tolerancia es pecado; si padeciendo su
cuerpo, su alma se salva, es un acto de misericordia proporcionarle este padecimiento.» La más alta
virtud es la caridad divina, y nada la amenaza más
mortalmente que el exclusivismo religioso.

En nuestros días, los periódicos, la fácil y ba-
rata circulación de un lugar a otro y, sobre todo, la
escuela común, han roto las barreras de las castas
religiosas, y un espíritu universal de tolerancia ha
empezado a difundirse. Mezclados en la escuela los
niños de todas las comuniones, aprenden a conocer-
se y respetarse unos a otros; resultado el más alto
de la educación moral.

8) En cuanto al plan y modo de resolver esta
cuestión, debe notarse que la completa seculariza-
ción de la escuela es la única práctica. En los Estados Unidos, los padres católicos lo reconocen así,
enviando la más veces sus hijos a la escuela pública; mientras que los protestantes muestran, según
Mr. Harris, mayor espíritu de proselitismo indis-

creto. Los fieles del catolicismo norteamericano reconocen el principio de la separación entre la Iglesia y el Estado; y el clero de esta comunión reconocerá pronto, sin duda, el carácter puramente secular de la escuela pública.

Esta no sólo debe excluir toda enseñanza confesional del protestantismo como religión, si que también toda interpretación sectaria de la historia, afirmándose, en general, como un lugar donde protestantes y católicos pueden enviar tranquilos a sus hijos. En San Luis, el superintendente de las escuelas permite a todos los niños cuyos padres lo piden ausentarse dos horas por semana de la clase, para recibir la instrucción religiosa bajo la dirección de los ministros de su culto; principio compatible con el de la separación de la Iglesia y del Estado, y que respeta todos los escrúpulos legítimos de la conciencia. El otro sistema, planteado en algunas naciones, de permitir a los ministros de los cultos entrar en la escuela a enseñar religión, contradice a la legislación constitucional de la mayoría de los Estados de la Unión, y no es compatible ni con el actual estado de cosas ni con la convicción hacia la cual vemos que todas las naciones van aproximándose. El espíritu de nuestra civilización es separar más y más cada día a la Iglesia de todas las instituciones civiles. Pero esta separación no las hará ateas, ni a la Iglesia menos poderosa.

Así concluye Mr. Harris.

¡CUÁNDO NOS ENTERAREMOS?

El estado del espíritu general en España, por lo que toca a los problemas de la educación, es de indiferencia; el de los «profesionales», de desorientación. Cosa natural; ¿a quién puede importar estos asuntos? Y en cuanto a las fuerzas especiales diferenciadas, su acción es incoherente mientras no la sostiene el empuje de la sociedad, vago, indisciplinado, difuso, pero que las incita a resolver esos problemas en el sentido de las tendencias, más o menos acentuadas, que en el alma nacional se van consolidando. Sin esta base, el superhombre más selvático no puede explicar la génesis de las ideas en su propio espíritu, y menos su acción sobre una masa heterogénea, incapaz de seguirle si no siente algún principio de comunión con él en sus adentros. En tal desconcierto, se vale de la ocasión el egoísmo, que resolvería el mundo en átomos, a no ser por esta famosa naturaleza humana, tan próvida en recursos. A cada cual le pone a su modo el problema: al estudiante —y a sus padres—, en que sean cortas las carreras, cortos los estudios y fácil de sortear

la farsa del examen; al maestro, en que le aumenten
su mísero salario; al ministro de Hacienda, en que
la enseñanza se costee—y aun deje todavía algún
sobrante—; al de la Gobernación, en que los muchachos no levanten motines; al «del ramo», en que le
den puestos donde colocar libertos y clientes. De
vez en cuando, relampaguean en todas las clases el
buen sentido, el amor humano, la piedad, al menos,
ante nuestra desdicha. Pero esos relámpagos no
alumbran ni calientan, para una obra que pide otra
firmeza. La luz apenas si alborea, ni siquiera se
sabe bien de qué parte viene; su calor no derretirá,
en años y más años, este hielo.

El enfermo, por su parte, no acierta más que a
dolerse y a pedir a gritos que se le haga algo, a
toda costa, sea lo que fuere. Y lo pide —¡todavía!—
a la única fuerza social que viene tomando sobre sí,
poco a poco, desde la mitad de la Edad Media, la
suprema dirección: al Estado, o, más propiamente,
al Gobierno. Y a éste le pide, no que *gobierne*, que
cuide del pormenor y de las realidades de la vida, en
lo que le toca y es su oficio, sino que *legisle*, que
decrete, que reforme y revuelva todos los servicios,
en cuya mecánica es donde, sin duda, debe estar el
pecado: cuando no viene más que de la dolorosa y
trágica condición de este pobre pueblo, vuelto de
cara al África, y que Bukle cree todavía plantado
en pleno siglo xiv.

Pero las leyes, los imperativos, los decretos,

¡qué poca cosa son! Ya pasaron los tiempos de los legistas de Bolonia, de los reyes «filósofos», y de su natural heredero el jacobino impenitente. Sin duda, algunos de éstos, a veces, hicieron su labor en su día; la complejidad de la vida contemporánea no puede manejarse ya con tan simples resortes. Hoy se halla bastante quebrantada la fe supersticiosa en la *Gaceta*, a cuya letra se atribuía una maravillosa virtud, que ni la de Anfión; porque es más fácil levantar los muros y las ciudades que las almas. Y sin éstas, ¿qué haremos? Una ley no es más que un experimento, un estímulo para promover en el cuerpo social cierta reacción, cuyo cálculo previo es difícil y cuyos resultados casi nunca se verán hasta después de un tiempo largo, pudiendo ser muy otros que los que el legislador se proponía.

En cambio, al par que se atenúa la credulidad en el poder de la reglamentación y de las garantías exteriores, crece la confianza en el valor de las fuerzas éticas e internas. Lo que antes se esperaba del que Kant llama «gobierno de la ley»—de esa ley por la que tan corto entusiasmo sentía el autor de *Los nombres de Cristo*—hoy se aguarda de la acción sincera e intensiva de los hombres. Más hizo un Sanz del Río, creando en el árido suelo de nuestra vida intelectual, no una doctrina—¡a Dios gracias!—, sino lo que vale infinitamente más que la mejor doctrina: una corriente de emancipación espiritual, de educación científica, de austeridad ética, que ha removido y ablandado, y sigue y seguirá removiendo largos años aún, lo poco que queda de plástico en el fondo de este duro terruño; más hace un puñado de hombres de buena voluntad, al juntar en los bancos de la «extensión universitaria» a estudiantes y obreros en la confraternidad de la cultura y preparando un pueblo nuevo para el nuevo ideal, que todos los infatigables autores o editores de leyes, decretos orgánicos y planes de estudios, cuyo atropellado vértigo, en la superficie y la apariencia, disimula nuestra musulmana apatía en el dominio de las realidades. Aquí, como en todo, la energía de la acción está en razón inversa de lo ambicioso de los horizontes.

Hasta tanto que la acción del Estado, más avaro de medios que de retórica altisonante y mentirosa, no se ciña, modesto, a la obra de crear fuerzas vivas en las entrañas del enteco organismo de nuestra educación nacional —por llamarla· de alguna manera—, o más bien, de poner para ello condiciones, es y será no sólo inútil, sino perturbador, remover por fuera su estructura, ni arriba, ni abajo, ni en medio.

Publicado hacia 1898.

LA PEDAGOGÍA CORRECCIONAL
O PATOLÓGICA [1]

I

La Pedagogía correccional es también llamada, ya Pedagogía patológica, ya a la inversa, Patología pedagógica, según se la considera desde el punto de vista pedagógico, o desde el médico; aunque podría más bien denominarse Pedagogía médica, pues que incluye, no sólo los problemas patológicos, sino los terapéuticos de la educación. Es parte, a la vez, de la Pedagogía y de la Medicina, de cuyo mutuo influjo ha nacido, tan luego como la Pedagogía comprendió claramente su misión. Pues ni ésta se hallaba

(1) Ampliación de una noticia discutida en el Laboratorio de Criminología, que, bajo la dirección del Sr. Salillas, comenzó en el curso pasado sus trabajos en la clase de Filosofía del Derecho de la Universidad de Madrid.

Esta noticia está formada, parte, en vista de algunos de los estudios que en ella se citan, parte, tomada (al principio, casi literalmente) de un artículo del Dr. Pacha *Sistema y problema de la Pedagogía patológica*, inserto en el núm. 1.º de los *Beiträge zur Pädagogischen Pathologie* (Gütersloh, 1898), logrando modificaciones de más o menos importancia, de que sería injusto pedir responsabilidad al Dr. Pacha.

completa, prescindiendo de la educación correccional, que es una de sus partes, ni aun la educación normal misma podía olvidar la de los anormales: 1.º Porque teniendo necesariamente la educación, como toda rama de la conducta humana (moral, fisiológica, estética, jurídica, política, etc.), una función profiláctica («la higiene de la educación», la ha llamado Mantegazza), el estudio de esta función es inconcebible sin el supuesto de una base patológica previa, o sea del estudio de los vicios, defectos, anomalías, que se trata de evitar, cuando es posible (1). 2.º Porque jamás hallaremos educando alguno en que nada haya que corregir y cuyo tratamiento, por tanto, permanezca en absoluto extraño a la Pedagogía anormal. 3.º Porque, en el fondo, los procedimientos para esta corrección son muchas veces—si es que no siempre—los mismos que se emplean en los sujetos anormales, sólo que atenuados y adaptados al carácter, duración, causa y gravedad del mal que en el sujeto normal aparece.

Wundt, a propósito del hipnotismo, ha dicho que debemos considerar siempre el parentesco que los fenómenos más extraordinarios guardan con otros comunísimos y que por lo mismo no nos sorprenden. El idiota, por ejemplo, es un individuo que, por sus-

---

(1) Sobre la necesidad de la Pedagogía patológica para la normal, v. las discusiones del Congreso de Maestros de Breslau, de 1898, en el número 1.º de la *Rev. de péd. compar.* y en el 4 de la *Kinderfehler* del mismo año.

pensión de su desarrollo cerebral, se ha quedado como petrificado en la primera infancia, con las anomalías que resultan del contraste de esta suspensión con el desarrollo más o menos normal de otras funciones; y su tratamiento tiene muchos puntos comunes con el del niño en esa primera época.— Cosa semejante puede decirse de ciertos defectos que en normales y anormales se procura remediar de un modo parecido, salvo los mayores recursos con que en aquéllos, por su situación, se cuenta para salvarlos. Quizá esta reacción de la Pedagogía patológica sobre la normal no se ha aprovechado todavía bastante: v. gr., para tratar la indolencia o la debilidad de voluntad de un niño, o de un adulto, por normales que en lo restante sean, hay que consultar los procedimientos que dan fruto en la educación de ciertos degenerados. Téngase, por último, en cuenta que el nombre «correccional» no se refiere exclusivamente a corrección «moral», sino a toda clase de mejora, lo mismo de un defecto físico, intelectual, etc., que de un vicio o una anomalía del carácter. «Correccional» quiere decir aquí «medicina», en el más amplio sentido de esta palabra.

La Medicina, por su respecto, se vió obligada, no bien quiso profundizar en muchas enfermedades e irregularidades del espíritu, sea propias de la infancia, sea de otras edades, a pedir auxilio a la Pedagogía, a la ciencia del tratamiento, educación y di-

rección espiritual de normales y anormales. Difícil
es establecer en estas materias que afectan a la vida
del espíritu los límites entre el pedagogo y el médico (1). Se trata de problemas *mixti fori,* a que
sólo por el acuerdo de ambos cabe dar solución. La
falta de este acuerdo se nota con frecuencia en la
ignorancia que los médicos y los educadores suelen
respectivamente tener de la Pedagogía y de la Medicina, cuando unos u otros son llamados a interve-
nir en la situación de individuos anómalos. Si el doctor Giampetro, v. gr., quisiera convertir en hospitales los institutos de sordomudos, Ferreri y Bezold
contesta que el médico no conoce más que el oído,
ni le toca otra cosa sino establecer el diagnóstico.

Uno de los ejemplos más recientes, sin embargo,
de cooperación positiva entre ambos se ha visto,
bien recientemente, en el problema de la fatiga
debida al recargo escolar; cuya existencia ha sido
descubierta principalmente por los médicos, y que,
trayendo a pedagogos e higienistas a trabajar en
común para evitarlo, ha dado una contribución importante para la Pedagogía patológica, aplicada
precisamente a la corrrección de un defecto de la
educación de los normales, a saber: la preocupación
intelectualista y, dentro de ella, el prurito cuanti-

---

(1)   Véase a este propósito los artículos de Trüper, *Problemas
pedagógicos por resolver (Ungelöste Aufgabe der Pädag.),* y de
Koch (J. L. A.), *Pedagogia y Medicina,* en el cuaderno 71 del
Pädagogisches Magazin.

tativo, memorista y corruptor de la instrucción, de
que todavía se padece gravemente en los pueblos
tan atrasados como el nuestro, incluso dentro de
nuestra estéril enseñanza «superior»: cuanto más,
en la del niño, abandonado y desvalido ante la presión del maestro.

Otro tanto podría decirse sobre el estudio de la
escoliosis, de la miopía escolar, etc.

Sería erróneo creer, sin embargo, que la Pedagogía correccional se refiere forzosamente a la primera edad del individuo. Y con todo, aun se advierte en muchos esta preocupación, semejante a la de
aquellos criminalistas (y legisladores) que dividen
las penas en correccionales y aflictivas: unas, cuyo
objeto es rehabilitar al delincuente; otras, que pretenden satisfacer la vindicta, la expiación, la retri-
bución y demás fines trágicos y solemnes al uso.
Todavía un Liszt, un Merkel, siguen esta criminología por partida doble; y la legislación del Estado de
Nueva York, tan influída, sin embargo, por el Reformatorio de Elmira (1), declara incorregibles a los
delincuentes mayores de treinta y cinco años, y los
entrega al sistema penal antiguo, ¡para que al menos
sirvan de escarmiento!...

Pero si la educación es obra continua que dura
la vida entera, y si, por tanto, la Pedagogía necesa-

---

(1) V. Dorado: *El reformatorio de Elmira*; Madrid, Bibl. de La
España Moderna.

riamente ha de abrazar toda esta obra, sin restric-
ción alguna, se ha de extender a su vez por todas
las edades la educación correccional, una de sus esferas, y cuyo fin es remediar, en todo o en parte,
aquellos defectos, más o menos graves y permanentes, que en la vida del individuo se presentan,
cualquiera que sea su conexión con las funciones
fisiológicas, y valiéndose de los procedimientos de
una y otra clase, psíquicos y físicos, que exija su
tratamiento adecuado.

En este amplio sentido, la Pedagogía correccional, lo mismo comprende la educación del adulto
que la del niño; la del sordo-mudo que la del imbé-
cil, del deficiente, del vicioso, del impulsivo, del
criminal, y hasta del loco. Pues, siguiendo el mismo
orden de ideas, se podría decir que esta ciencia
forma, en rigor, parte de la Patología y Medicina
mentales, de la Psiquiatría, entendida en la unidad
y plenitud de su concepto, y hasta de su nombre;
como, a su vez, la educación correccional del niño
forma parte de la patología y terapéutica de éste
(Paidopatía, o más en general, Pediatría).

Fuchs viene a definir la Patología pedagógica
(adoptando la denominación que le dió Strümpell)
como la ciencia de los defectos que en el educando—nombre que, para él, en este caso especial, significa sólo el niño y el joven,— se oponen a
los influjos aplicados a su educación y enseñanza, y
a la dirección de su desarrollo corporal; para este

fin, estudia esos defectos, sus causas y ocasiones
estimulantes e indica los medios individuales y sociales propios para curarlos o atenuarlos cuando
menos, valiéndose del auxilio de la Psicología y la
Fisiología y del examen de las condiciones sociales,
económicas y de cultura, y adaptándolo todo a la
observación y tratamiento especial de cada sujeto.

II

Si se pregunta ahora qué clase de individuos estudia la nueva ciencia, podría contestarse que no
está bien puesta la cuestión.

Recuérdese que, de pasada, ya queda indicado
que no es tan profunda y radical como a primera
vista acaso parece la distinción entre la Pedagogía
normal y la correccional— si se les puede dar estos
nombres. O más exacto: que esta distinción no ha
de entenderse como si la primera tratase de individuos tan perfectamente normales, que nada hubiese en ellos jamás que corregir, limitándose su educación a desenvolver progresivamente sus energías.
Así, pues, la relación entre ambas ramas de la Pedagogía es doble: en un sentido, como ya se dijo, la
higiene, la prevención de los defectos, sería imposible sin el consentimiento de éstos; en otro, la
función correccional, terapéutica, es parte esencial de toda educación (como de toda obra humana), por normal que el educando sea. No hay que

decir cómo esta relación es recíproca. La diferencia está en que la Pedagogía normal estudia la educación, así progresiva como correccional, de los individuos normales; la correccional, la de los anormales, entendiendo por este nombre, desde aquellos sujetos en que domina todavía la normal sobre lo anómalo, como acontece en el ciego, en ciertos delincuentes, en el retrasado, etc., a aquellos otros en que lo normal apenas aparece en la vida del espíritu, reducida al mínimum casi infrahumano que se revela en el idiota.

Por esto, sin duda, Fuchs ha abrazado los defectos de los niños en tres grupos: defectos de los normarles, de los anormales y de los deficientes, que forman como un grupo intermedio. No hay para qué entrar en el examen de esta clasificación, ni de sus subdivisiones. Lo único que interesa notar es este ejemplo de cómo la Patología pedagógica o Pedagogía correccional, estudia también los defectos de los individuos normales.

Cuáles sean éstos, es problema arduo, que el estado actual de los estudios ofrece pocos medios de resolver. El Dr. Daniel, por ejemplo, llama normal a todo niño, más o menos fácilmente adaptable a las condiciones de una vida de tipo medio; e incluye en este grupo, y por esta consideración, a los histéricos, a los neurasténicos, a ciertos epilépticos, y hasta a los criminales «privados de sentido moral». Otros, como el Dr. Couëtoux, por el con-

trario, colocan entre los anormales a los que no perciben el cuchicheo y a los que padecen de defectos
graves de la visión; y en muchas clasificaciones entran, con éstos, los que pronuncian mal, los afecta-
dos de oclusión nasal—muy enlazada con la debilidad intelectual—, los cojos, mancos, enfermizos, etcétera. Lo cual no es extraño, al menos desde el
punto de vista pedagógico. En todas partes, aun en
las naciones más modestas, cada día va aumentando—y no con lentitud, ciertamente—la tendencia a
atender todo lo más posible a la individualidad en la
educación, incluso en la escolar o colectiva; acomodándose y acercándose a ella con delicadezas
inconcebibles (si es que no hasta ridículas) para
pueblos como el nuestro, de sistema mutuo y enseñanza uniforme a grandes masas. Y así, se dividen
éstas y se subdividen, formando grupos de educandos los más pequeños y homogéneos que cabe, e
instituyendo escuelas especiales, no ya para sordomudos y ciegos, o para idiotas, o para menores viciosos, delincuentes, etc., sino para aquellas diversas clases defectuosas, todas las cuales necesitan,
en efecto, ciertos cuidados y cierta dirección peculiar, a fin de remover, atenuar, o suplir, en cuanto
quepa, al menos, los impedimentos que sus defectos
les oponen para una vida humana, por rudimentaria
que sea. El lisiado necesita un tipo de trabajo adap-
tado a su situación y que le conduzca a alguna profesión; el escrofuloso tiene su escuela-sanatorio;

hasta para los niños simplemente torpes, que no presentan otra anomalía que su impotencia para seguir la marcha del promedio de sus compañeros de clase (los «retrasados pedagógicos», de Demoor), se fundan ya secciones e institutos, donde, acomodándose a la lentitud del ritmo de su evolución, se les eleve al nivel más próximo posible al usual.

En realidad, esto de ir apartando de la escuela común a todos los que presentan alguna condición que pide cierta modificación adecuada de régimen, en pro del interesado y en pro (indivisamente) de la sociedad, ¿conduciría a disolver dicha escuela común, resolviéndola en secciones especiales— si es que se pudiera parar aquí? De todos modos, parece imposible establecer, según ya se ha indicado, una distinción exacta entre individuos rigorosamente anómalos e individuos rigorosamente normales.

Verdad es que si de la distinción entre *individuos* normales y anormales nos extendiésemos a la más amplia entre los *conceptos* generales de lo normal y lo anormal, no saldríamos mucho mejor librados. Recuérdese que para Durkheim—como en otro sentido para Hegel, y en otro tercero para Quételet—el crimen es un fenómeno normal. Y no hay que exponer aquí las concepciones reinantes de Lotze, Wundt, Renouvier, Boutroux (o de juristas como Ihering, Lombroso, Liszt, etc.), sobre la norma, la ley y términos afines (1). Pero, volviendo a nuestro especial objeto, ni siquiera acerca del modo de establecer el criterio para esta distinción reina acuerdo. Así se concibe que se entreguen muchos (como ha hecho últimamente Mac Donald) al desesperado recurso de identificar el tipo normal con el tipo medio o empírico; olvidando que en un grupo de enfermos, de ciegos, de locos, por extenso que fuese, el único individuo que no presentase estos defectos sería el único normal, por ser el único que se hallaría en condiciones adecuadas a la conservación y fines de la vida humana. Donde alguna de éstas falta, allí falta en igual medida la normalidad, a la cual, pues, se aproxima o contradice tanto más un individuo cuanto su evolución es más tranquila, o más difícil y violenta. El hombre perfecto sería el completamente normal, a pesar de alejarse del promedio: porque en él se hallarían *todas* aquellas condiciones prósperas. En la práctica, la distinción entre lo normal y lo anormal puede llamarse absoluta; pero la distinción entre *individuos* normales y anormales es esencialmente relativa, a saber: según que predominan en ellos las condiciones favorables, o las adversas.

(1) Véanse las notas sobre la discusión de estos conceptos —y especialmente las del Sr. Salillas—en los trabajos del Laboratorio de Criminología, publicados en la *Revista de Legislación y Jurisprudencia*, 1900.

III

Numerosas clasificaciones, más o menos diversas de la de Fuch, se han hecho de los individuos anormales, o más bien y especialmente de los menores —o sea niños y jóvenes, que es lo que importa aquí— según el punto de vista etiológico, pedagógico, moral, fisiológico, etc., por Voisin, Warner, Séguin, Chrisman, Monroe, Johnson, Mac Donal, Marro, Bourneville, Sollier, Dawson, Joffroy, Näcke, Ferriani, Daniel, Manheimer, etc., apoyados en gran parte en las de los psiquiatras, desde Pinel a Ziehen. Tal vez, hablando en general, quepa decir que los caracteres por donde un niño—o más ampliamente aún, un individuo cualquiera—puede considerarse anormal, corresponden a tres grupos principales:

1.º Comprende los obstáculos de carácter predominantemente físico (así los que tienen su origen en los centros nerviosos del llamado sistema de «proyección»—Flechsig—como los que nacen de causas y accidentes locales), que, constituyendo perturbaciones de la sensibilidad y el movimiento, ejercen un influjo más o menos enérgico en la vida espiritual y social del sujeto. Tales son: la sordera, ya total (con mudez), ya parcial, cuando alcanza gravedad; la ceguera y perturbaciones importantes de la visión, las de los demás sentidos, las de la sensibilidad dolorífica, las de la palabra (incluso la mudez total sin sordera), las del movimiento (v. gr., parálisis); la falta de las extremidades; las deformidades que dificultan la vida usual; aquellas afecciones o diátesis de que resulta una constitución enfermiza, o que imposibilita para el trabajo, etc.

2ª Entran aquí los estados de irregularidad psíquica propiamente dicha, intelectual, afectiva o moral, que se refieren al sistema cerebral llamado de «asociación»; o sean, las enfermedades mentales, en sentido estricto, correspondientes a la Psiquiatría, y que consisten, ora en una falta de desarrollo, ya suspendido (como en el idiota o en el deficiente), ya simplemente retardado (los retrasados «pedagógicos» de Demoor), ora en una perturbación general o especial, pasajera o permanente, de dicho desarrollo, como la locura, la degeneración, el histerismo, la criminalidad, el vicio, la indisciplina, etc.

3° La anomalía no viene aquí del individuo, sino de las condiciones sociales y exteriores de su vida, que se resumen en una sola palabra: «abandonados» (dependent, destitute children); donde entran tantos tipos y formas como constituyen a aquél (orfandad, corrupción de la familia, miseria, aislamiento, etc.) en una situación contraria a los fines de una vida racional.

Desde el punto de vista pedagógico, se suele reducir todas estas categorías de individuos a dos, según que son o no susceptibles de educación. Pero esta diferencia no puede aceptarse, sino rectificada en términos relativos; pues acaso no hay un solo individuo, por íntima que su condición sea—el idiota, o en otro sentido, el criminal más empedernido y ajeno de sentido moral—sobre el cual no quepa ejercer alguna acción modificadora, al menos en cosas secundarias, en las cuales ya con esto se sanea y ennoblece su vida. De mayor interés para nosotros y más aproximada a la realidad, aunque sin ser tampoco rigorosamente exacta, es la distinción que implícita o explícitamente se suele hacer de los anormales en inocentes y culpables, inofensivos y peligrosos, adoptando un criterio ético. Por ejemplo: las más veces, quizá, los libros y periódicos consagrados al estudio y tratamiento de los anormales comprenden sólo en este grupo, cuando más amplia es su esfera, a los ciegos, sordomudos, idiotas, lisiados y enfermizos (los llamados anormales «pasivos»), dejando a un lado por completo a los vagabundos, indisciplinados, viciosos y delincuentes. Cierto que, en rigor, sería difícil admitir que una imperfección, v. gr., de carácter intelectual, y hasta una simple deformidad física, sean cosas éticamente indiferentes e incapaces de ejercer en todos los casos influjo alguno, bueno ni malo, en el sentido moral y en la conducta del sujeto, cuya vida modifican en ocasiones tan considerablemente. La experiencia enseña lo contrario: que esa condición restrictiva obra con frecuencia como una causa do-

lerosa, la cual, como todas, deja su huella en la
formación del carácter, ya en un sentido, ya en
otro. En la práctica, hay casos en que se puede
prescindir de este influjo; en otros, toma un relieve, imposible de desconocer. Con estas limitacio-
nes, se puede aceptar esa distinción; teniendo en
cuenta, además, que a nuestros juicios esquemáti-
cos, audaces y simplicistas, que dividen a los individuos por una línea matemática en buenos y malos,
no responde, como dice Tolstoy, la realidad, ni aun
en el sentido de un predominio del bien o del mal
en la conducta: pues el mal es siempre un episodio
limitado, aun dentro de la teoría de la *moral insa-
nity*. La vida de cada hombre es un tejido demasiado complejo, del que vemos sólo unos cuantos fragmentos más o menos incoherentes, sobre los cuales
construímos muchas veces una imagen arbitraria,
sin guardar aquella reserva en nuestros fallos que
nos recomienda el Evangelio.

Tal es, en resumen, el concepto de la Pedagogía
correccional, patológica, médica, etc., como ciencia de las anomalías de todas clases que puede pre-
sentar un individuo, sea anormal, si dominan en él
de tal modo que caractericen su tipo y el tipo de su
vida; sea normal, cuando acontece lo contrario; estudia esos defectos, sus causas y los medios de
todas clases, individuales y sociales, pedagógicos y
médicos, materiales, morales, jurídicos, etc., para

removerlos, atenuarlos o suplirlos, tanto en interés del sujeto afectado de ellos, como en el del todo social y, supremamente, de los fines racionales humanos.

IV

La historia de esta ciencia, como tal ciencia independiente, refundida en un cuerpo más o menos organizado, es recientísima, aunque el estudio de sus problemas se comprende desde luego que ha debido preocupar en todos tiempos.

Pudiera decirse que los motivos que han llevado siempre al espíritu a investigar la solución de esos problemas son principalmente tres: el caritativo o humanitario, de mejorar la condición de ciertos desgraciados y disminuír el imperio del mal en el mundo; el penal, que, concebido al uso, parece tener un carácter más bien de defensa social contra los individuos peligrosos; y el científico, de conocer de un modo adecuado la naturaleza de un grupo de fenómenos, que, por su mismo carácter excepcional, despiertan singularmente la atención. Cada cual ha aplicado sus fuerzas a este orden, impulsado más en especial por uno u otro de estos motivos. La distinción, sin embargo, no puede hoy ya entenderse de tal modo cual si el espíritu, v. gr., de la beneficencia y del derecho penal fuesen tan contrarios entre sí como quieren todavía Garofalo o Tarde que lo sean; el uno, todo compasión y amor; el otro,

todo aversión, indignación y repugnancia; olvidando, por vulgar sin duda, aquella famosa máxima que
no ha pasado aún mucho más adentro de los labios:
«odia al delito; compadece al delincuente.» Antes
bien, la índole de los tiempos viene aproximando
cada vez más, para su obra común, a la caridad y la
justicia. Históricamente, además, se han mezclado
por fuerza a cada paso en esa obra, aunque otra
cosa parezca por la superficie, ya preponderando,
por causas especiales, uno u otro de estos crite-
rios, ya combinándose en cierta proporción. El
punto de vista caritativo ha predominado, por ejemplo, en la protección a los niños expósitos, a los
ciegos, sordomudos, idiotas, enfermizos, paralíti-
cos, etc.; donde lo que se podría llamar el peligro
social no parecía, al menos, tan alarmante; el punto de vista defensivo, en la legislación penal contra
los delincuentes menores, o en la de policía contra
los viciosos o vagabundos. Ambos motivos se equi-
libran en la educación de los abandonados, o en el
cuidado de los locos. La creciente delicadeza moral
del humanitarismo contemporáneo, al par que extiende cada día su solicitud a nuevos grupos, antes
olvidados, va restringiendo poco a poco los restos
de sentimientos crueles donde sobrevive aún la pri-
mitiva barbarie a la mansedumbre del estoico y a la
caridad del cristiano.

En cuanto al interés científico, constante cola-
borador en todos los problemas de la vida, a cuyos

apremios obedece siempre, ha cooperado al nuestro, ya desde la Psiquiatría, ya desde la Pedagogía,
la Pediatría, la Psicología infantil; ya, últimamente,
desde la nueva disciplina, formada por la condensación de todos estos elementos y reconocida hoy
como ciencia independiente, bajo las denominacio-
nes, sea de «estudio del niño», sea de «Paidología».
De todo esto, con más los datos menos directos que
aportan otras ciencias, como la Estadística y la Sociología, se viene formando la pedagogía de los
anormales, que Strümpell ha organizado por vez primera, dándole el nombre de «Patología pedagógica» (1), no enteramente exacto, pues no es una patología sólo, sino también una terapéutica y una
higiene. Algunos escritores, en Alemania, suelen
oponer al nombre de Strümpell los de Koch (J. L. A.)
Ufer, Trüper, Emminghaus y otros; pero el propio
Koch declara que hay que considerar a aquél como
el verdadero fundador de la constitución sustantiva
de la nueva ciencia (2). Beneke en Alemania, y en los

---

(1) *Pädagogische Pathologie, oder die Lehre von den Fehlern
der Kinder;* 1.ª ed., 1890; 2.ª, 1892. El filósofo Luis Strümpell
(que no se ha de confundir con su hijo Adolfo, profesor también
y que se ha ocupado igualmente en esta clase de estudios) nació
en 1812, y en su dilatada carrera ha cultivado la Psicología
(en especial) y la Pedagogía, la Metafísica, la Ciencia de la Religión, la Etica, la Lógica, la Historia de la Filosofía, etc. Es uno
de los más importantes discípulos de Herbart, aunque, según Hein-
ze, más o menos influído por Leibnitz y Kant (v. las adiciones a
la *Historia de la Filosofía*, de Überweg, Berlín, 1897, parte III,
volumen 2, p. 174).

(2) En el *Pädagogischen Magazin* (Langensalza, 1896), número 71, pág. 28.

Estados Unidos West, Conolly y otros, parece que han sido los precursores de Strümpell, sin contar los promovedores de la psicología infantil y del estudio general del niño, que ya iniciaron los trabajos de Tiedemann (1787), Goltz (1847), Sigismond (1856), Kussmaul (1859), Taine (1876), Darwin (1872 y 1877), y llega a producir libros como el admirable de Preyer (1882) (1), para alcanzar el desarrollo y amplitud que le han impreso, sobre todo Stanley Hall y sus compañeros innumerables en los Estados Unidos, «tierra de promisión»—como se la ha llamado—para el estudio de la infancia (2).

---

(1) *El alma del niño*, trad. española de M. Navarro.—Madrid, Jorro, 1908.—Véase tomo XI del *Boletín de la Institución Libre de Enseñanza* (1887). Preyer ha publicado otros muchos trabajos más esenciales de Psicología infantil. En el mismo tomo XI (1887), se halla también el estudio de nuestro malogrado Machado Álvarez, *Folk-lore* sobre el lenguaje de los niños, que, traducido hoy a muchas lenguas, se ha incorporado a la Historia de esta ciencia, y se cita en todos los libros escritos sobre este asunto.

(2) Miss Wiltse (*A preliminary sketch of the history of child study in America*, en su número de octubre de 1895 de *The Pedagogical Seminary*, que publica en Worcester el Prof. Stanley Hall) llega hasta a considerar que este estudio «es, en cierto sentido, americano, aunque su iniciativa sea europea; porque en los Estados Unidos, no sólo se trabaja sobre él más que en todas las restantes naciones juntas, sino por la grande y rápida aceptación que allí ha encontrado, así como sus aplicaciones, en las familias y en los maestros, y por ser el único país cuyas Universidades han establecido cursos regulares de esta ciencia. De todos modos, su artículo es una rica fuente de interesantes datos, como también los ofrece respecto de la técnica de esta clase de trabajos y sus laboratorios.

Por cierto que el estudio del niño no deja de tener sus adver-

En cuanto a la Pedagogía correccional, es objeto ya hoy de la más intensa atención, así en el orden de los estudios como en el de la práctica. En el primer respecto, apenas hay nación donde no obtenga ya un cultivo de importancia, debido a los trabajos de sus más eminentes psicólogos, pedagogos, criminalistas, etc. Basta citar (1), excluyendo ahora a los ya mencionados con una u otra ocasión: en las naciones de lengua alemana, los de Krafft Ebing, Eulenburg, Bürgerstein, Baer, Benedikt, Kräpelin, Spitzner, Berger, Pelman, Erismann, Közle, Burkhardt; en los de lengua inglesa, Barnard, Warner, Chrichton-Browne, Donaldson, Shuttleworth, Harris, Earl Barnes, Galton, Baldwin, Mac Donald, Royce, Monroe; en los de lengua francesa, a Séguin, Voisin, Bourneville, Féré, Sollier, Magnan, J. Morel, Roux, Dallemagne, Demoor, Binet, Henri, Ribot, Manheimer; en Italia, a Mosso, Marro, Lombroso y su hija, Pagliani, Ferriani, Verati, Sergi, Longo, y en otros pueblos, a Baginski, Sikorski, Maliarewski, Ekker, Axel Key, etc.

---

en él»; y, además, no quisiera que a sus hijos los estudiara nadie «como si fuesen cosa de vivisección». Verdad es que tampoco quiere que los maestros y pedagogos estudien Psicología experimental, de la que él, sin embargo, es uno de los primeros cultivadores en su laboratorio. El ejemplo de los Estados Unidos, cada día más, es seguido en Europa. Ya hay en Inglaterra y Escocia tres sociedades para el estudio del niño, y acaba de fundarse otra en París, bajo la dirección eminente de M. Buisson.

(1) Por nuestro fin especial, excluimos de esta enumeración, así como de las revistas, a los tratadistas de sordomudos y de ciegos, y nos reducimos a los otros grupos.

A los trabajos, ya de conjunto, ya sobre todo monográficos, de estos científicos, fruto de sus investigaciones en escuelas, prisiones y laboratorios, hay que agregar otras publicaciones, como los informes de los Congresos y Asociaciones de Paidología, Psicología, Pedagogía, Antropología Criminal y Derecho penal, Psiquiatría, Beneficencia, etcétera, en los que cada día se concede mayor interés al diagnóstico y terapéutica de los anormales. Igualmente acontece con los anuarios y revistas que discuten aquellos órdenes de problemas. Algunas de éstas hay ya exclusivamente dedicadas al que nos ocupa. Tales son: *Die Kinderfehler (Los defectos de los niños)*, publicada en Langensalza (Prusia), por Koch, Ufer y Trüper, desde 1896; *Beiträge zur pädagogische Pathologie (Contribuciones a la pat. ped.)*, que viene publicando Fuchs, desde el mismo año, en Gutersloh (Prusia); *Zeitschrift für die Behandlung Schwachsinniger und Epileptiker (Revista para el tratamiento de los débiles de espíritu y los epilépticos)*, de Dresde (1882); *Journal of Psycho-Asthenics*, de Rogers, en Faribault (Minn., Estados Unidos, 1897); *Revue internationale de pédagogie comparative*, de Nantes, dirigida por los discípulos de Bourneville, Mailloux, Couëtoux y Hamon de Fougeray (1890), y aun habrá algunas más. Añádase a ellas los numerosos artículos incluidos en las revistas de estudios afines (1), entre los cuales sólo citaremos, por su importancia, la *Colección de trabajos sobre Psicología y Fisiología pedagógicas (Sammlung von Abhandlungen aus dem Gebiete der pädagogischer Psychologie und Physiologie)*, de Schiller y Ziehen; la *Revista de Psycología pedagógica (Z. für pädag. Psychologie)*, de Kemsies; la *Z. für Phil. u. Pädag.*, de Rein y Flügel; el *Pedagogical Seminary*, de Stanley Hall (Worcester), y la *Z. für Schulgesundheitspflege (Revista de higiene escolar*, Berlín), de Kotelmann (hoy, de Erismann).

V

En mutua acción y reacción con los estudios, ofrece ya la práctica un progreso estimable y constante.

Dejando aparte los precedentes de otros tiempos (en los cuales toca a España también su parte con Ponce de León, Bonet, Velasco, etc., nuestros tiempos presentan un movimiento rápido en el inte-

---

(1) Para la bibliografía de este asunto se puede ver: Mac Donald, *Abnormal Man* (Washington, 1893); Chrisman, *Paidologie* (Jena, 1896); el artículo citado de Miss Wiltse; una nota al final del número 1.º de los *Beiträge*, de Fuchs; los artículos del *Handbuch (Manual enciclopédico)*, de Rein, y los informes sobre los principales países de las revistas citadas. En la *Rev. phil.*, de Ribot (de junio y julio últimos), hay un artículo de Blum que trae también algunas indicaciones. Debe haber mucho más; pero yo no conozco más que estas fuentes.

ría por el tratamiento de los anormales de todas clases, desde el sordomudo al delincuente. Sin negar que a este fin hayan contribuido, como a todo movimiento social, causas muy complejas, la principal debe ponerse en el espíritu de los «filántropos» del siglo XVIII, que, a su modo, renueva el humanismo del XVI. De ese espíritu proceden, lo mismo la obra de un L'Épée en favor del sordomudo, que la de Pinel para con el loco, la de Haüy para el ciego, la de Pestalozzi para el niño, o la de Beccaria para el delincuente. Aquel impulso ha ido atrayendo más y más el interés hacia grupos de seres desgraciados, antes desatendidos, y subdividiendo la atención a estos grupos de tal suerte, que apenas se conoce hoy una clase de infortunio cuyas causas y cuyo remedio no se comience, al menos, a estudiar.

Es característico que, por la importancia creciente de la educación ante el espíritu contemporáneo, para el cual este problema parece ser el único que presenta el mismo interés capital que el problema del pan («la escuela y la despensa», que ha dicho Costa), todas las soluciones a las dificultades sociales ofrecen muy principalmente un carácter educativo; y así, tienden a trasformarse en escuela hasta el último límite posible, desde el manicomio al presidio. En escuelas, naturalmente, no de lectura y escritura, sino de educación y educación correccional, de reeducación, de tratamiento psíquico y físico, material y moral, que tiene, sin duda, también sus incurables (al menos hoy por hoy, con nuestros actuales medios), incurables cuya desgracia permanente hay que aliviar hasta donde quepa; pero donde un grupo, más o menos numeroso, de individuos—aquí una minoría, allá la mayoría, a veces casi todos—pueden, ya mejorar, ya hasta curarse y trasformarse, de seres anormales, dañosos a sí mismos, y acaso para los demás, en individuos casi normales, habilitándose para un régimen libre, social, económico y jurídico.

Así, el problema de la penalidad, como generosamente ansiaban los filántropos sentimentales y aspiran a demostrar los correccionalistas científicos, de acuerdo con hombres prácticos, de autoridad y experiencia, deviene cada día más un problema de segunda educación *(Nacherziehung*, como dice Röder) (1); y su ciencia, al menos desde este punto de vista, una rama de la Pedagogía. Verdad es que acaso la parte más saneada y menos problemática de la eficacia de toda legislación, no sólo tal vez de la penal, bien podría ser su acción educativa...

Pero dejemos ahora esta cuestión, y, por tanto,

_____

(1) Señales de la convergencia a que parecen venir en este punto las corrientes más diversas, no faltan, incluso entre nosotros. Una de ellas es que casi literalmente repite las palabras de Röder, Monroe (Profesor de Psicología en Westfield, Estados Unidos), cuyo punto de partida es muy otro.—*Kinderfehler*, 1898, número 1.

el problema de las instituciones penales, y dejemos asimismo el de los manicomios. Si recorremos rápidamente la estadística de aquellas otras destinadas al alivio de los restantes anormales, y principalmente de los ciegos, sordomudos, idiotas, corrigendos, observaremos su continuo desarrollo en los pueblos más importantes, con no haber llegado aún en casi ninguno a extender su acción a todos los grupos e individuos necesitados de ella. ¡Cuánto margen queda todavía para el esfuerzo en pro del vigor físico y moral de la raza, v. gr., en Francia, desde los 2.000 idiotas asistidos en sus establecimientos especiales, a los 20.000 que figuran en algunas de sus estadísticas! (1). Y, sin embargo, ¡qué ejemplo para los pueblos que olvidan esos Institutos y no han tenido aún un Seguin y un Bourneville!...

Francia, en efecto (para no citar al pormenor, y por vía de ejemplo, más que tal cual grupo de anormales), se preocupa de sus idiotas, epilépticos y débiles de espíritu, para los cuales posee cinco casas de educación, públicas o privadas, entre las cuales descuella la de Bicêtre; Italia les consagra 3; Holanda, 2; Australia, 1; 35 Inglaterra (2); Rusia, 7; Noruega, 3; la República Argentina, 2; en Bélgica

_____

(1) *Rev. de pédagogie comparative*, I, 104.

(2) V., además, el Acta del Parlamento de este mismo año sobre la educación de los epilépticos y otros anormales en Inglaterra y Gales.

sólo existe una sección de idiotas sordomudos en el Instituto destinado a estos últimos en Gante, hallándose excluído aquel grupo de la interesante «Escuela de Enseñanza especial», recientemente creada por el liberal Municipio de Bruselas, sólo para los niños retrasados. Alemania, donde existen clases auxiliares para estos últimos, anejas a ciertas escuelas primarias importantes, tiene 71 establecimientos para idiotas (en Prusia, por la ley de 1891, debe haber uno en cada provincia); Austria, además de la Escuela Estefanía, de Viena, para los retrasados, tiene 4; en los Estados Unidos, hay 29 Institutos, fundados por los Estados, o por particulares, y donde se cuida y educa, agrupados generalmente en tres secciones, a más de 9.000 retrasados, idiotas y epilépticos; Suiza posee 13 instituciones, casi todas privadas, para idiotas y débiles de espíritu, y 41 clases auxiliares para los últimos, siendo admiradas por todo el mundo sus concienzudas estadísticas de estas clases; Finlandia tiene una institución pública y otra privada; Dinamarca, 7, privadas todas, y un asilo para incurables, además de colocar a algunos en familias particulares; y Suecia, con una población poco mayor que la de Andalucía y Extremadura sumadas, nos da en rostro con 20 escuelas públicas para idiotas y epilépticos, y otras 10 privadas para retrasados.

¡Y qué decir, que no cause entre nosotros maravilla, de la educación y protección a los deformes, lisiados e inválidos, que, sin embargo, apenas si comienzan! Dinamarca dió el primer ejemplo, creando la escuela que ha servido de modelo a todas; Suecia tiene ya 4 privadas, con fuertes subvenciones del Estado y las provincias; Noruega la imita; Würtenberg posee 1; otra Italia; en Francia, donde ya había 2 privadas, católica y protestante, el Ayuntamiento de París ha creado en 1899 otra institución semejante; pero, sobre todo, Finlandia, desde hace diez años, presenta la más admirable organización, no sólo por su grandiosa escuela de lisiados, sino por las franquicias que les concede, tales como pasaje gratuito en los ferrocarriles, pensiones a los pobres mayores de doce años (desde 1890), etc., etc.

No hay que hablar de los institutos para la educación de los que padecen ceguera y sordera, absolutas o relativas, tartamudez y otros defectos; ni de las escuelas-sanatorios para niños enfermizos, especialmente raquíticos, escrofulosos y tuberculosos; ni de las destinadas a la higiene moral y a la reforma de los menores abandonados, indisciplinados o viciosos, institutos que se dan la mano con los correccionales de carácter penal, de tal modo, que no siempre es fácil deslindar ambos grupos. Sólo los Estados Unidos poseen 87 instituciones de esta clase, con más de 40.000 educandos, sin contar sus reformatorios penales, cuyo más célebre modelo es el famoso de Elmira; y en este camino, les han precedido y acompañan Inglaterra, Suiza, Alemania, Italia, Bélgica, Rusia... En este mismo año, se ha dado en Prusia la ley de educación forzosa para los menores de diez y ocho: en Prusia, donde 678 instituciones atienden a los niños cuya vida moral se halla en peligro.

VI

Si quisiésemos resumir las tendencias generales que en este grave problema dominan entre los hombres competentes dedicados a resolverlo en la práctica en los diversos países, acaso se las podría condensar en los siguientes términos.

La primera afirmación que parece ya consolidada en esas tendencias es la de proclamar como indispensable la de educar y ayudar a toda costa a los anormales, educación que ciertos Estados (Sajonia, Prusia, Dinamarca, Suecia, algunos cantones suizos) han declarado obligatoria para todos los individuos comprendidos en determinados grupos anómalos, por lo menos. Y. en realidad, así proceden, lo mismo desde el punto de vista del derecho del individuo como del de la protección y defensa de la sociedad, interesada en aminorar la enorme masa de incapaces, en uno u otro sentido y en distintos grados (centenares de miles, en muchas naciones): desde el sordomudo al presidiario, al idiota, al vagabundo, al loco, a la prostituta, al lisiado, al ciego, al paralítico, al enfermizo... que, apartados, radicalmente a veces, de la producción espiritual y material, disminuyen por mil modos la riqueza y el bienestar comunes, son causa en ocasiones de grave perturbación moral (mendicidad, vagancia, ociosidad, corrupción, indisciplina, delito y tantas otras formas), y constituyen siempre un peligro para la salud, prosperidad y elevación de la raza. Se comprende que Suiza, con 3 millones de habitantes, tenga hoy 788 instituciones de esta clase: cunas, orfanatos, hospicios, hospitales, sanatorios, colonias, escuelas para ciegos (1), sordomudos, idiotas, retrasados, indisciplinados, etc., etc., sin contar los establecimientos de corrección penitenciaria; que en Dinamarca reciban educación y auxilio *todos* los ciegos del reino; y que en Suecia haya habido que cerrar tres escuelas del Estado para sordomudos

---

(1) He aquí (para citar un ejemplo maravilloso) algunas de las profesiones que aprenden los ciegos: modelado, tapicería, carpintería, torno, ebanistería, herrería, cartonería, cordelería y cordonería, estorería, cestería, redería, librería y encuadernación, cepillería, flores, encajes y labores de aguja, música vocal, instrumental y composición, afinación de pianos, costura a máquina, masaje (que en el Japón es una de las profesiones que más ejercen los ciegos), sin contar muchas de las llamadas «liberales». La venta de los objetos fabricados en 1894 por los ciegos del Instituto (privado) de Lausana produjo en ese mismo año unos 25.000 francos (de los cuales recibieron los trabajadores cerca de 10.000), quedando en los almacenes existencias por valor de 10.000 y pico. Este Instituto, como otros, comprende: casa de educación, talleres para adultos de cada sexo, imprenta en caracteres Braille, un hospital oftálmico, con 50 camas, y un asilo (¿asile?) para los antiguos educandos de la casa que se hallan sin recursos. Los alumnos son unos 50, que entran a los seis años y salen a los diez y ocho.

adultos, a causa de la rápida desaparición de este grupo, por educarse todos los sordomudos, desde niños.

Otro principio que parece hoy fuera de toda discusión, es que el tratamiento de estas diversas clases, sin excepción alguna (y tratamiento que un día se extenderá en su forma adecuada al hospital), es un tratamiento educativo, que no se reduce a atender a la subsistencia de los individuos, ni a la curación o disminución de su defecto físico, sino que tiende a corregir o atenuar asimismo sus consecuencias para el régimen de su vida, capacitándolos hasta el último límite para adquirir una situación social lo más normal y humana posible, en cuantos órdenes quepa; así, para poner en disposición de bastarse a sí mismos por medio del trabajo, como para todos los restantes fines, y su participación en los bienes y goces legítimos de la vida. Por esto, todas las instituciones consagradas a ese tratamiento deben ser escuelas, no asilos—y en este sentido se van trasformando—, quedando sólo este último tipo subsistente para los incurables, incorregibles, etc.; al menos, mientras no se sepa hacer con ellos otra cosa. Al decir «escuelas», quiere esto significar institutos pedagógicos en toda la amplitud de la palabra, donde al tratamiento higiénico y al médico se junten la enseñanza intelectual, la dirección moral, la cultura más o menos extensa del espíritu, el aprendizaje en el taller y el de otras profesiones, el trabajo y el recreo, se combinen en la diversa proporción que pide cada caso.

Así se va haciendo más y más cada día, reuniendo a pobres y ricos, desde el *Kindergarten* hasta el curso de adultos, ya externos, ya internos, en institutos completamente separados para cada especialidad (contra lo que algunas naciones aun practican), y dentro de ellos, en grupos lo más pequeños posible, a veces, hasta tratándolos individualmente; y completando luego esta obra con otras auxiliares: asilos para ciertos incurables, colocación de otros en familias, patronatos industriales para proveer de instrumentos de trabajo a los que salen educados de los talleres, o para ayudarles en los tiempos de crisis, o para facilitar la salida de los productos; o preventivos, para evitar la propagación de aquellas anomalías en lo que cabe (1); o para proteger a los institutos sociales o a individuos aislados: colocación, auxilios materiales, ayuda moral, recreos, bibliotecas y publicaciones, congresos, estadísticas... Basta una somera ojeada, por ejemplo, a las innumerables funciones que en pro de los ciegos tiene a su cargo la Sociedad María, en Rusia, o la de protección a los lisiados

_____

(1) V. gr., por la difusión de la cultura y el bienestar; la lucha contra el alcoholismo y contra la prostitución; la mejora de la higiene pública y privada; las clínicas gratuitas y multiplicadas de oftalmología, neuropatía, otología, dermatología, escrofulosis y tuberculosis, etc., etc.

en Finlandia, para adquirir idea de lo que ya se hace por este camino en el mundo; y de lo que se hará en días no muy lejanos. ¡Qué suerte toca en este movimiento acelerado a los pueblos que no dan señales de preocuparse por estos problemas, cuya conciencia cada vez parece como que se va amortiguando en ellos, después de haber estado viva en días, no sólo de más ideal, sino de más sentido común y aptitud práctica: aun el más torpe, si se para, es capaz de entenderlo!

De acuerdo con esto, cualquiera que sea la acción del Estado, ya organizando las instituciones respectivas, ya limitándose a inspeccionarlas, subvencionarlas, etc., se pide hoy en general que esa acción se ejerza siempre por medio del Departamento encargado de la educación nacional, no del de la beneficencia (a menos de fundir ambos en uno), a fin de que sus órganos tengan la competencia y aptitud necesarias para atender a sus fines.

Precisamente, es otra exigencia de esta nueva orientación educativa, la formación de un personal adecuado para la obra encomendada ahora ya al concurso del pedagogo y el médico. Antes parecía suficiente para ella la abnegación caritativa, a que la Humanidad ha debido tantos consuelos y el alivio de tantas miserias. Pero, al lado de hombres bienhechores, guiados por sentimientos nobles, y a veces por un instinto delicado, profana hoy con frecuencia esta empresa el frívolo diletantismo de una caridad elegante, que procede de un modo empírico y al azar, en convivencia, en muchos países, con ese personaje anónimo, pero sobrado conocido, que se llama a sí propio enfáticamente «la Administración», y del cual Dios nos guarde. Hoy se comienza a pensar (y a hacer) que médicos y pedagogos reciban una educación especialista para el tratamiento de aquellos anormales que la exigen. En las Escuelas Normales de Alemania, Inglaterra, Suiza, Italia, Dinamarca, Suecia, se estudia este tratamiento, al menos como parte de la Pedagogía; a veces, algunas de sus ramas tienen Escuelas Normales propias, como en Alemania o los Estados Unidos, o clases de preparación anejas, con sus correspondientes prácticas, en los respectivos Institutos de educación.

Por último, en casi todos los países citados, no sólo existe una literatura numerosa y de importancia sobre estos asuntos, sino revistas y periódicos especiales, ya para una rama de la Pedagogía correccional, ya para todas juntas; congresos frecuentes se reunen para discutir sus problemas, y un sinnúmero de sociedades promueven su estudio y facilitan con anhelo las soluciones prácticas.

1900.

LA EDUCACION DEL «FILISTEO»

I

Desde los tiempos románticos viene generalizándose en todas partes, a ejemplo de Alemania, donde la palabra cuenta un abolengo de dos o tres siglos (1), el uso de llamar *filisteo* al hombre vulgar, basto, prosaico, destituído de ideal e incrustado en la rutina, que así le da hecho el molde de su vida exterior, como el de sus ideas, gustos e inclinaciones. Para Schopenhauer, en su famosa definición de los *Parerga*, el *filisteo* «no tiene necesidades espirituales», y por esto «se ocupa constantemente y del modo más serio del mundo en cosas que no lo son»; para Ihering, en su *Lucha*, «el egoísmo ruin y el materialismo» son los caracteres de este «Sancho Panza»; para Lavroff, es «el salvaje de la civilización»; y poetas, novelistas y demás autorizados intérpretes de la conciencia popular han creado los personajes legendarios de José Prudhomme, Ho-

(1) Véase el artículo «Philister», en *Meyers Encyklopädie des allgemeinen Wissens.*—Leipzig, 1877.

mais, Mrs. Grundy, que representan análogo concepto. Frente a esta banda, Carlos Moor, Manfre-
do, Lelia, toda la magnífica procesión de rebeldes,
desde Rousseau y Chatterton a los satanistas y
anarquistas, afrentan con desprecio el culto de la
regla social, propia sólo para el servil rebaño.

Pero esta oposición entre ambos grupos, ¿es tan
exacta? Si por filisteo se ha de entender el hombre
ingenuo y por excelencia «conformista», que siente,
piensa y vive a gusto del grupo zoológico a que pertenece, y del que no quiere disonar por ningún precio, ¡son tantas las variedades de filisteos!... Los
hay conservadores y reformistas; tradicionalistas y
radicales; sentimentales y prosaicos; pacíficos y
revolucionarios; mojigatos y ateos; escépticos y ja-
cobinos...

Y el insurrecto, el antisocial empedernido, que
precisamente quiere a toda costa disonar y ser tenido por mortal enemigo del linaje humano, ¿es más
persona? ¿No vive asimismo pendiente, como el
conformista, del aplauso o del silbido, de la opinión
ajena? ¿Pone, acaso, más empeño que el otro en ser
y gobernarse por sí, o entrega a los demás con
igual servidumbre las riendas de sí mismo? Para
ambos, la ley de obrar no viene de adentro, sino de
fuera: ¿qué más da? Lo esencial del filisteo no está
en el contenido de lo que dice o de lo que hace, sino
en el valor mental del proceso interior de sus hechos y dichos: ¡una misma fórmula exterior de vida

puede significar cosas tan diferentes! Ni uno ni otro
de aquéllos mira hacia el espíritu, sino hacia el mundo, que los trae y los lleva a su antojo. No tratan,
ni por soñación, de sacar de sus entrañas el individuo trascendental, que todos, aun el más vulgar
sujeto, llevan allá en el fondo; sino, al contrario, de
despersonalizarse, hasta el último extremo posible,
no preguntándose nunca: «¿cómo viviré yo conmi-
go?», sino «¿qué dirán de mí los demás?» Porque no
viven de su vida, sino de la ajena, dejando que los
otros vivan en su lugar por él; ni trabajan por la
obra, sino por la paga. ¡Y qué paga!...

II

Y ahora, ¿qué hace la educación «superior» de
la juventud para partear (que diría Costa) ese divino arquetipo de cada hombre en ella, para echar-
lo del rebaño, o más bien ayudarle a que él se sal-
ga? Monólogo uniforme del profesor, que por igual
se aplica a todas las almas, como un traje de con-
trata a todos los cuerpos; en vez del diálogo vivo,
lleno de espíritu, flexible con unos y otros, donde
la individualidad se abre camino y la respuesta se
adapta a la pregunta. Textos uniformes, para
aprender en ellos interpretaciones de las cosas, en
vez de lecturas libres, varias, que muevan al amor
y a la indagación de las cosas mismas. Plan de estudios uniforme, rígido, simétrico; incompatible con

toda vocación y preferencia. Exámenes, diplomas, premios, notas, oposiciones... Todo está calculado, o más bien automáticamente construído, sin darse cuenta de ello, para el cultivo intenso de la vulgaridad, sea humilde o turbulenta, para la glorificación del lugar común y de la medianía, para la renuncia de cada hombre a sí propio y la persecución servil de la individualidad hasta la última trinchera. Y todavía el rebaño se indigna de pensar que cada maestro tenga su idea propia (no fuera malo), y pide programas únicos, textos únicos, no sé si profesores únicos, para toda la nación; y en poco ha estado que no los pida para todos los pueblos que aun hablan esta lengua española, con la cual se ha removido el alma de los mundos y hoy se dicen tales necedades.

¡Qué ha de salir de semejante enseñanza «superior», sino esos grupos monocromos, ya desteñidos y grises, ya blancos, rojos, verdes, negros, que obran por impulso gregario, mirando siempre al viento que a la hora corre! Gran milagro es de la naturaleza humana que todavía algún germen de sinceridad personal y austera devoción al espíritu relampaguee en medio de nuestra miseria, y pueda resistir y resista—y hasta de vez en cuando prolifere—a esta campaña de evaporación universal de la vida.

LA ESCUELA QUE «CERRARÁ LOS PRESIDIOS»

———

«No es por su dura labor por lo que compadez-
co al pobre —dice Carlyle—; todos tenemos que
trabajar... sobre que no hay trabajador concienzu-
do que mire su obra como un pasatiempo: lo que me
aflige es que la lámpara de su alma se apague; que
ni un rayo de conocimiento celestial, ni aun terres-
tre, lo visite; y que, en las foscas tinieblas, sólo el
miedo y la indignación, como dos espectros, lo
acompañen... Que un hombre muera ignorante,
cuando poseía la facultad de conocer: eso sí que
es una cosa trágica; aunque suceda, como sucede,
veinte veces por minuto. La mísera fracción de
Ciencia que el género humano entero ha conquistado
en un vasto universo de Nesciencia, ¿por qué no se
reparte pronto a todos?...»

Es verdad. Y, sin embargo es poco. Saber es
un derecho, una obligación, un goce, una parte de
nuestro destino. No es todo. El desarrollo ético de
la voluntad, de la salud y fuerza físicas, de la soli-

daridad humana, de la vibración de poesía con que
nos estremecen la Naturaleza y el Arte, la purificación de la familia, el trabajo según la vocación, la
comunión de todo hombre en el pan del espíritu y
el cuerpo, en todas las esferas y en todos los bienes
sociales, son condiciones tan apremiantes como el
saber, para arrancar de cuajo en nuestra civilización, semi-prehistórica todavía, el espectáculo de
dos humanidades, separadas como dos períodos
geológicos. Va siendo hora de que se dé al fin
cuenta de sí misma, y entre a colaborar y participar
en la historia del espíritu conscio, aquella masa
amorfa, inmensa, anónima, que, sin saberlo, da
siempre el fondo de esa historia y de sus creaciones: lengua, poesía, derecho, religión, moral, arte,
industria.

Y así, la «Extensión universitaria», que no sólo
difunde los frutos del conocimiento por todos los
ámbitos, eleva la cultura y afina el espíritu, sino
que, poniendo en posesión de los métodos científicos aun a los grupos más distantes, suscita doquiera su colaboración en sus fines, es un servicio de la
función social de la Universidad, que en ella además se rejuvenece al aire libre y por cuya espléndida y sin igual iniciativa entre nosotros ha merecido
la de Oviedo el respeto de propios y extraños; pero
cuando ese servicio se desenvuelve más allá todavía
de este límite, como una obra de educación integral, en los diversos órdenes de la vida, y obra

ajena a todo sentido de condescendencia graciosa
del «superior» para con el «inferior», sino de riguroso deber moral y jurídico y para bien de todos,
entonces es un medio de los más radicales, no para
«aproximar» las clases de nuestra sociedad, ya hoy
tan artificiales y tan en peligro, sino de fundirlas en
un plasma cada vez más y más homogéneo, del cual
puedan luego destacarse los nuevos organismos sociales, verdaderas personalidades mayores, no diferenciadas por el saber, ni la fortuna, el lugar donde
se nace, el oficio político, etc., sino por el grado
de energía total humana que son capaces de des-
plegar en el mundo.

La escuela universal de «primeras letras», de
leer, escribir y contar, aunque todavía apenas ha
llegado a España, va ya pasando y quedando atrás
en todas partes. Fué un beneficio enorme, una crisis entre dos momentos de la historia, que, en el
mundo moderno, ha renovado el milagro de la aparición de la escritura y puesto al hombre en posesión de los primeros instrumentos del desarrollo intelectual. Pero hoy, ya la ampliación de sus enseñanzas, la educación física, la gimnasia, los juegos,
el trabajo manual, las excursiones, las colonias, la
preocupación por la higiene, desde el baño al vestido y a la cantina; las obras complementarias de la
escuela, han ensanchado el concepto de ésta y sus
funciones, hasta hacer de ella un microcosmos, una
pequeña sociedad para la dirección entera de la

vida del niño, una como ampliación del hogar, segunda familia, a su modo, ¡y por desgracia, la única en ocasiones!

A esta escuela sí que se puede confiar la obra profunda que era excesivo esperar de la antigua: obra de educación y elevación integral del pueblo, de edificación interior, de unidad del espíritu, desgarrado hoy por frecuentes abismos entre la idea y el sentido ético; con lo cual se irán atenuando las formas todas de la brutalidad en el mundo, agresivas o astutas, cínicas o violentas: la guerra, el motín, la insurrección, la esclavitud de la mujer, la explotación del hombre por el hombre... ¡infinitas!; y entre ellas, el delito, síntoma del estado de inferioridad del sujeto para gobernarse a sí propio, desenvolver libremente su personalidad superior y adaptarse a una vida verdaderamente humana.

También él irá atenuándose, no por la eliminación de sus gentes (como quiere una teoría acorde con la barbarie actual), sino de sus factores sociales; y el delincuente, en vez de objeto de necia indignación y cruel maltrato, lo será de piedad humana, en interés de todos; como poco a poco van siéndolo el idiota, el loco, el borracho, el calavera, el matón, la prostituta... los miserables todos, en suma; esos miserables, a quienes consagró un libro... ¡qué digo un libro! toda una vida, y ¡qué vida! D.ª Concepción Arenal. Entonces, el delincuente político-social, que no es más que un delincuente como todos, y guiado, como todos también, ora por móviles generosos, ora por impulsos groseros, inferiores y egoístas, difícilmente hallará, como hoy, ni apologistas ingenuos, ni rencorosos verdugos, ni mayor ni menor excusa que cualquier otro criminal ordinario; sino aquella humana conmiseración, nada sentimental, sino profundamente sensata y bien entendida, que para todos pedía el poeta inmortal de *La pitié suprême*.

Entonces, por último, los retratos de los anarquistas «de acción»—«de pasión», sería mejor decir—, no servirán de venenoso estímulo a la curiosidad cruel y profana, ni a la admiración de sus iguales, que en vano los buscarán en otra parte que en los archivos de Criminología.

1901.

LA EDUCACION MORAL EN EL JAPON
(RESÚMENES DE LECTURAS)

I

El lector no es probable que aprenda ninguna novedad al recordarle cómo el Japón es un pueblo cuya historia en estos últimos cuarenta años inspira en todas partes vivo interés, y es, además, de especial importancia, por la rapidez y los métodos de su transformación para las sociedades viejas como él, y urgentemente necesitadas de una europeización y humanización no menos rápidas. Los problemas de la imitación literal del extranjero, o de su asimilación libre, y del valor del elemento tradicional, nacional y característico; las naturales oscilaciones de este proceso renovador, con sus necias alternativas de patriotería y exotismo, se presentan en el fondo del propio modo en todas partes, y se han presentado en todo tiempo; el pueblo que se aparta de la comunión internacional, por enérgica que su individualidad sea, se va secando poco a poco, como miembro por el cual no circula ya la savia; para restablecer su vitalidad, hay que volverlo a enlazar con el todo. Y entonces nacen estos problemas.

Claro es que en estos pueblos—como en el Japón—hay siempre un grupo considerable de espíritus bien avenidos con la «tradición castiza», que lamentan se vayan perdiendo, v. gr., los toros, la taberna, el reinado de la elegante navaja y el bandolerismo, con todo lo cual se pierde lo que hace de ellos un objeto pintoresco y de arte (como de su pueblo dice el barón Suyematsu), conservado a precio de brutalidad, salvajismo y miseria, para recreo del turista; y otro grupo, no menos cerril, pero «moderno», «progresivo», etc., que señala el «triunfo de la civilización» en cada monumento gótico derribado, en cada alameda secular hecha leña, para apaciguar el hambre de vida nueva y de cultura con una estúpida caseta de cuatro o cinco pisos, donde estrujar a una docena de inquilinos, o con una canastilla desmirriada sobre una praderita de *grass* seco. Hay que tener paciencia. El mal está en que se tardará en poblar los campos «de caídos» de todas nuestras Salamancas. Y menos mal cuando sobre esos montones de cascote, codicia y barbarie comienzan tal vez a echar raíces gérmenes de vida espiritual; ya sabrán un día hallar los modos sociales de expresión que hoy buscan a fuerza de tanteos, y que los encarnan a su vez años o siglos.

Volviendo al Japón. El lector sabe que este pueblo, abierto al comercio internacional por los Estados Unidos y las potencias europeas hace medio siglo, tuvo su revolución en 1868, un año después de la subida al trono del actual emperador, Mutsuhito, de cuyo año data su era de Meiji (precisamente cuando nosotros hicimos nuestro pequeño movimiento también), destruyendo su feudalismo, restableciendo la autoridad imperial del Mikado, y afirmándose, por último, como potencia constitucional en 1889, algo a la prusiana, con Parlamento electivo, Ministerio (responsable sólo ante el emperador), Consejo de Estado, Prefecturas, etc.

En todo ese decenio, la organización de un sistema administrativo, la separación de la Iglesia (budista) y el Estado, la publicación de Códigos, la reorganización de los Tribunales, la supresión del tormento, la introducción del calendario y el traje europeo, de los ferrocarriles, correos y telégrafos, de la vacuna obligatoria, etc., han dado al Japón su abigarrada fisonomía actual, y fijado la atención del mundo entero sobre un campo de experimentos interesantes que —hasta donde cabe aprovechar la experiencia ajena—podría servir también para otros muchos pueblos.

A éste, dos órdenes especiales de la vida social lo han preocupado, singularmente en su transformación: la organización militar de mar y tierra y la educación nacional. Respecto de la primera, uno de sus escritores y apologistas indígenas dice: «cuando peleábamos con espadas y lanzas, nos lla-

maban los occidentales *bárbaros;* cuando matamos
cientos y miles de hombres con la explosión de una
granada, nos llaman ya *civilizados*». Y, con efecto,
la guerra con Rusia y sus victorias han abierto los
ojos de la gente sobre los progresos del Japón bastante más que los libros de Fukuzawa o los descubrimientos de Kitasato.

Viniendo ahora a la educación en general, durante el tiempo correspondiente a nuestra Edad
Media, dice Chamberlain, a quien principalmente
extractamos en esta parte, toda estaba en manos
del clero budista, cuyos templos eran las escuelas.
El gran cambio que trajo consigo el *shogunado* (1)
de la dinastía de los Tokugawa, en el siglo xvii,
cambio que «cristalizó» por doscientos cincuenta
años al Japón en la forma en que lo hemos conocido
hasta su apertura a la civilización occidental, con
su arte antiguo de lacas y porcelanas, su aislamiento, su feudalismo, su *harakiri*, sus castas y su carácter pintoresco, entronizó el confucismo en las
clases cultas, y sustituyó a las sutras budistas los
libros clásicos chinos.

La revolución de 1868 cambió de raíz este sistema, reorganizando la enseñanza según las bases de
Occidente, y, al principio, bajo el influjo de los Es-

---

(1) Dignidad militar, equivalente a la de generalísimo; y que,
al modo de los mayordomos de Palacio en la antigua Francia,
retuvieron hasta los últimos tiempos la plenitud eficaz del poder político, dejando sólo su sombra al Mikado.

tados Unidos. A la vez que se establecían tres colegios, de Lenguas, de Medicina y de Ingeniería, mostrando bien las preferencias de la raza, se creaba una nueva enseñanza primaria, enviando al Extranjero gente joven, capaz de traer a las escuelas otro espíritu y otros métodos. El resultado de estos esfuerzos es la situación actual, a saber:

1) Dos Universidades, una en Tokío, con seis Facultades: Derecho, Medicina, Ingeniería, Letras, Ciencias y Agricultura, y de 2 a 3.000 alumnos; el profesorado es nacional y extranjero, dominando el alemán en Medicina; otra, la de Kyoto, inaugurada en 1897, con tres Facultades: Derecho, Medicina y Ciencias — incluyendo en éstas la Ingeniería — y de 300 a 400 estudiantes.

2) Diversas escuelas especiales: como las dos Normales superiores para maestros y maestras, respectivamente; las de Lenguas extranjeras (1), de Comercio, Técnica, navales y militares, de Náutica, de Bellas Artes, de Agricultura, de Música, de Sordos y Ciegos, etc.

3) Seis escuelas secundarias, del tipo de las *High schools* norteamericanas; 190 en el de las intermedias (éstas con 2.500 maestros y 70.000 alumnos) y varios colegios privados, dos de ellos fundados, respectivamente, por el célebre escritor y libre-

___

(1) La cátedra de lengua española, en esta Escuela, ha sido encargada a nuestro compañero y antiguo alumno D. Gonzalo J. de la Espada, que acaba de llegar a Tokío.

pensador Fukuzawa en 1868, y otro, por el jefe del partido progresista, Okuma.

4) Unas 26.000 escuelas primarias (en 1901·2), con 88.660 maestros y más de 5 millones y ¼ de niños y niñas (más del 88 % de la población escolar), además de un gran número de Jardines froebelianos. (El Japón pasa de 43 millones y ¼ de habitantes.)

5) La educación de la mujer, además de las escuelas primarias respectivas y de la Normal mencionada, cuenta con 30 escuelas secundarias, una de niñas nobles, otra industrial (privada), etc., y por último, con una Universidad especial para este sexo, fundada en 1901, también en Tokío, y que tiene más de 500 alumnas. Los colegios y escuelas privadas femeninas son las de mayor importancia, entre las que sostienen las misiones protestantes.

6) Por último, diversas Sociedades consagradas a promover fines educativos, entre ellos la educación física, los juegos corporales, la gimnasia, los ejercicios militares, completan la obra del Gobierno.

Esta obra tiene que vencer grandes dificultades, aunque parece que las va venciendo. El tipo de educación europeo choca con la historia y tradiciones de una sociedad para la cual, como dice Chamberlain, China ha sido lo que para nosotros Grecia y Roma; y el contenido de nuestra ciencia occidental está lleno de alusiones casi ininteligibles para ella. No hay que decir que la necesidad, casi inevitable, de la adopción del inglés, como instrumento para la enseñanza de este contenido, complica todas esas dificultades, con los inconvenientes que trae para toda nación un régimen bilingüe, aun siendo ambos idiomas hijos de una cultura común homogénea; cuanto más en el caso contrario.

II

Ahora, en ese sistema general y sobre su doble base, oriental y occidental, antigua y nueva, ¿qué parte corresponde a la educación moral?

Esta educación, y aun el problema todo entero de la vida ética, de su ideal, de su contenido, está hoy en nuestro mundo occidental en una crisis más profunda quizás que otras veces. Júzguese qué pasará en el Japón, cuyo carácter aspiran unos a modificar de raíz; otros, a desenvolver dentro de su mismo tipo original, étnico e histórico, mediante nuevos factores que debe reabsorber y asimilarse.

Para el diagnóstico de ese carácter nacional, es de interés cierto contraste entre los dos libros que ya hemos citado y en general seguimos: el de Suyematsu, apologético, y el de Chamberlain, que, en medio de un tono benévolo y de defensa contra acusaciones vulgares, procura con ahinco merecer nota de imparcial. El barón Suyematsu, venido a

Europa al estallar la guerra con Rusia, y a fin de promover las simpatías del Occidente hacia su pueblo, ha reunido en su *Sol Nacido* (1) los artículos, discursos, cartas, etc., propios de su misión y redactados en inglés, disponiéndolos en tres partes: una *(Antecedentes de la guerra)*, destinada a exponer la crisis y primeras hostilidades; la segunda *(La educación de una nación)*, en que estudia los varios factores que han contribuido a formar «esa reserva de energía vital» que el Japón «debe a su temperamento y a su educación moral e intelectual»; la última *(Relaciones exteriores)*, que trata especialmente de aquellas cuestiones que se refieren a su situación mundial, «al porvenir que el destino le ha asignado en la historia de Asia». Demás es decir que la segunda parte es la que para nosotros importa.—En cuanto al libro de Chamberlain, titulado *Cosas del Japón* (2), es una serie de croquis, como el autor los llama, ordenados en forma de diccionario, y cuyo título (añade) está tomado de la frase *cosas de España*, que corre en nuestro país y ha sugerido posteriormente otros títulos semejantes con relación a otros pueblos.

---

(1) En vez de *naciente (rising).—The Risen Sun.*—2.ª edición; Londres, Constable. 1905.

(2) *Cosas del Japón (Things Japanese): Notas sobre varios asuntos referentes al Japón, para uso de los viajeros y otras personas,* por B. Hall Chamberlain, Profesor jubilado de japonés y filología en la Universidad Imperial de Tokio.—4.ª ed.; Londres, Murray, 1902.

Según Suyematsu, el espíritu japonés es lo más distinto posible del indo, cuya imaginación soñadora huye de la historia, con su exacta cronología y pormenores, entregándose, en cambio, a la especulación filosófica, que deja fríos a los amarillos. Chamberlain añade todavía que el japonés contemporáneo admira la Física, las Matemáticas, la industria, los ferrocarriles, el telégrafo, el comercio, la política, la guerra, inclusive, de los occidentales; pero no tanto su filosofía, su religión, su literatura, su arte y su estética en general; y no digamos su moral cristiana, pura farsa hipócrita muchísimas veces, a sus ojos, sobre todo en las relaciones internacionales. (Recordemos que Spencer nota cáusticamente esta hipocresía en su *Introducción a la ciencia social*, en un pasaje inolvidable.) En general, el japonés de hoy no quiere ser alabado tampoco por ninguna de estas últimas formas de producción, que no estima—digámoslo así—bastante serias; exactamente, al contrario del antiguo, desdeñaba las matemáticas y la industria y honraba las cosas tenidas por imaginativas y poéticas.

Suyematsu reconoce el espíritu imitador de sus compatriotas, primero, respecto de China, y ahora de los europeos, y se jacta de ello; a diferencia de los occidentales, que lo hacen, pero sin decirlo. ¿Qué serían los pueblos modernos, sin una imitación análoga de Grecia, en la cultura; de Roma, en el Derecho; de los hebreos, en la religión? «Tomad lo largo de los otros, para suplir lo corto de lo nuestro», es una máxima japonesa.

En otro concepto, ese pueblo es por naturaleza pacífico y humano, lleno de refinamiento y de ternura, «como todo pueblo artista», dice; cuando llega el momento de dar su vida, es valiente, pero no por barbarie, sino por educación y obligación. Es gran artista en lo grande y en lo pequeño, no sólo en lo pequeño, contra lo que suele decirse y realmente ha acontecido en los últimos siglos: recuérdense los maravillosos Budas colosales de bronce (siglos VI, VII y VIII), en Nara y Kamakura.

La ciencia y la vida intelectual dependen ante todo de la herencia y la atmósfera, y la adopción de los métodos es reciente; pero envían constantemente a la juventud a los Estados Unidos y a Europa, para obtener, como lo van logrando, ingenieros, profesores, médicos, naturalistas, etc., comparables con los de aquellos pueblos. La Medicina fué quizá la profesión que primeramente entró por el moderno camino. Para ciertos viajeros, sin embargo, domina en la mentalidad de este pueblo la facilidad para percibir y retener el pormenor, una memoria algo semejante a la del niño y favorecida por el hábito y herencia de tantos siglos de intensa aplicación a aprenderse a la letra los clásicos chinos.

A propósito de sus gustos, Suyematsu y Chamberlain coinciden en lo que llama el primero «pureza y sobriedad», a saber: limpieza y pulcritud ex-

tremadas, y un afán de sencillez, que llega a la
afectación de disimular el valor de las cosas, procurando darles una apariencia simple, modesta y
hasta pobre y rústica; recordando—en otro sentido,
pero análogo—lo que E. Pardo Bazán denomina el
«lujo hipócrita» de los ingleses. Esta sobriedad se
muestra asimismo en la expresión de sus sentimientos, sean de alegría, de ternura, o de dolor,
cuyas manifestaciones se esfuerzan por inhibir, aun
en las más intensas emociones, con gran dominio de
sí mismos. El *harakiri*, o suicidio solemne, ya como
pena privilegiada del noble *samurai*, ya como un
equivalente de nuestro duelo medioeval, se cumple
con un ceremonial que observa el protagonista del
modo más escrupuloso. En dirección opuesta, las
caricias a los niños, v. gr., dicen, pervierten su
educación y los hacen sentimentales; y así las ma-
dres no besan a sus hijos, y menos en público; toda
demostración ruidosa, por ejemplo, los aplausos a
un orador, es cosa algo basta, y desde luego nueva,
importada y contraria a ese ideal de mesura y *self-
restrain*, que ya el griego pedía y que para el japonés está en la media voz y la sonrisa perpetua.

Esta moderación no estorba la energía de los
afectos en él, ni en otro pueblo ni individuo alguno.
Sabido es que se ha llamado a éste «el paraíso de
los niños», por la dulzura con que se les trata; «no
necesitamos todavía Sociedades protectoras de la
infancia, ni siquiera de los animales, ni contra la

embriaguez, como no hemos necesitado hospitales ni asilos, merced a una organización social y a una tradición humanitaria que los hacían inútiles; ya hemos comenzado a necesitarlos y a tenerlos: tal vez lleguemos a necesitar también aquellas Ligas defensivas: la civilización occidental tiene su precio».

Chamberlain resume innumerables características que del espíritu japonés han dado, desde el entusiasta San Francisco Javier a Pierre Loti, cuyo espíritu *blasé* «carece de aquel don de sagacidad simpática, que es la primera cualidad para entender cosa alguna compleja». «Comprender es más difícil que juzgar», ha dicho Amiel, cuyas penetrantes palabras sirven de lema al despierto libro de Chamberlain.

Del fondo común que éste parece poner de relieve en todas aquellas apreciaciones ajenas, y del propio diagnóstico que en varias partes deja bien entrever, se desprenden ciertas notas acerca de ese espíritu. El japonés es laborioso, hombre de pormenor, nada idealista, contemplativo ni profundo («más bien Marta que María»), amable, pulcro, algo superficial y bastante menos veraz y formal en los negocios que su honrado y tradicionalista hermano el chino. Sus «tres pros» son, en suma: «limpieza, bondad y gusto artístico»; sus «tres contras»: vanidad, falta de espíritu mercantil e incapacidad para apreciar ideas abstractas».

«A su vez, concluye, ¿cómo nos caracteriza el japonés a los occidentales?» Nuestra pintura, nuestras catedrales, nuestras poesías, nuestras metafísicas no remueven ni una fibra de su corazón; al contrario de nuestros inventos útiles. Y en cuanto a defectos, los que principalmente les chocan en nosotros son la suciedad, la superstición y la pereza. No van descaminados. Bien sabido es el uso diario del baño templado, aun en las clases más pobres: en Tokío, que tiene 1.500.000 habitantes, hay más de 800 establecimientos públicos de baños, que toman diariamente más de 400.000 personas, sin contar las que los tienen en sus casas; ¡quién pudiera lograr semejante beneficio en nuestra mugrienta raza (mugrienta, aun en las clases acomodadas)! En una carta reciente, que tengo delante, un viajero, que conoce los pueblos más limpios de Europa, dice al desembarcar en el puerto de Kobe: «La primera impresión, al tomar tierra, es la de que se entra en el reino de la limpieza absoluta. Y hay que contar que se trata de un puerto comercial de primera clase. Sería casi imposible encontrar una mancha, ni siquiera de polvo, en los trajes de los mozos que cargan y descargan, un papel en el suelo, un pedazo de cartel roto en las paredes.» Y esta es la impresión de todo el mundo.

En cuanto a la pereza, ¿qué deben pensar de nuestros domingos y días de fiesta, y de nuestros esfuerzos por el régimen de los tres ochos, gentes que trabajan quince horas al día y trescientos sesenta y cinco días al año?...

III

Se desprende de todo lo dicho, que si en las últimas profundidades del carácter japonés hay muchos más rasgos comunes con el de los occidentales de los que se suele pensar, las divergencias son bastante acentuadas para que interese resumir en el sentido moral de la vida y el modo de su formación. Este resumen es principalmente un extracto de dos capítulos del libro de Suyematsu, *La Ética del Japón* y *La enseñanza moral*, completados con algunas observaciones de Chamberlain, así sobre este asunto como sobre su relación con la religión, o más bien, religiones japonesas. A veces se aprovechan también las del libro del anglo-heleno japonés Lafcadio Hearn, titulado *Kokoro (Corazón)*, de cuyo autor (1) dice Chamberlain que «quizá ningún otro escritor entiende como él el Japón contemporáneo, ni reunió en igual grado la exactitud científica con la ternura y la exquisita brillantez del estilo».

Ante todo, en el imperio del Sol Naciente, no sólo no hay una religión única, ni de Estado, sino

_____

(1) Escritor inglés, nacido en Corfú, cuando las islas Jónicas eran colonia inglesa, y nacionalizado japonés en 1896, bajo el nombre de Koizumi Yakumo, por su matrimonio con una señora japonesa, hecho en una de las formas establecidas en el país, según la cual, el marido entra a formar parte de la familia de la mujer, por no haber en ella varón, ni, por tanto, persona capaz de llevar la jefatura.—Suyematsu, ps. 115-116; Chamberlain, artículo «Marriage».—Tengo entendido que está próxima a publicarse una versión española de *Kokoro*.

que las tres que en él viven pacíficamente, convi-
ven también, del mismo modo, en amor y compaña
en los más de los individuos—cosa inconcebible
para un occidental, donde cada individuo tiene una
sola religión. El confucismo japonés, sin embargo,
no es considerado allí propiamente como religión
(«cree en Dios y vagamente en la inmortalidad»,
viene a decir), sino más bien como una moral civil,
sin más teología que el culto de los antepasados, y
con escasos ritos y ceremonias. El budismo es la
religión espiritual, personal, de la misericordia, de
la humildad, de la abstinencia y la tristeza. El sintoísmo, la única religión nacional, indígena, al modo
de las de Grecia y Roma, y al contrario de las otras
dos, cosmopolitas y de importación exótica, aunque
data su introducción de unos catorce siglos; religión
puramente social y local, sin credo, libros sagrados
ni aun código moral—según algunos comentaristas,
«por la innata perfección de la humanidad japonesa,
que no lo ha menester como la China o los occidentales»—es el culto de la alegría, de la audacia, de
la energía viril, de los intereses temporales. Para
Hearn, este culto representa el reconocimiento del
gobierno de los vivos por los muertos, que dice
Spencer, pero a sabiendas de aquéllos. Tal vez recuerda cosa análoga a la religión de la Humanidad,
de Augusto Comte, sólo que ligada a la familia, y
sin limitarse al culto de los grandes hombres, sino
penetrada de veneración por esos muertos anóni-

mos, a la continuidad de cuyos esfuerzos debemos
nuestro espíritu, nuestro modo de ser, nuestra vida
actual: de donde nace una reverencia y amor religioso para la historia, desconocidos—dice—al hombre de Occidente.

En esa complejidad de las dos grandes religiones, que marchan fraternalmente guiando al pueblo,
la mayoría de éste acude al sintoísmo y a sus dioses para celebrar los sucesos prósperos: el matrimonio, el nacimiento, etc.; al budismo, para las ceremonias fúnebres; hasta el punto de que si a los
sacerdotes sintoístas se les suele enterrar según las
prescripciones de su religión, casi siempre se añade
la intervención de ritos y sacerdotes budistas. Y
aun hubo algún tiempo en que ese enlace entre ambas religiones, optimista y pesimista, era tan íntimo,
que formaban el llamado «sintoísmo dual», cuyas
funciones desempeñaban conjuntamente ambos sa-
cerdocios en unos mismos templos. Hoy, establecida la libertad de conciencia (bastante mayor en cosas religiosas (1) que en las históricas capaces de
lastimar las leyendas chauvinistas), parece que el
budismo perdió favor, al perder juntamente, como
se ha dicho, el carácter de religión de Estado; y
bajo el impulso de la renovación nacional imperia-

_____

(1) Según Chamberlain (250, nota), el Gobierno japonés en
nada es ortodoxo, intolerante ni oscurantista, «salvo en la enseñanza de la historia»: así es que destituyó al profesor Kume por
una *falta* de este género.

lista, el sintoísmo indígena, que representa la fuerza tradicional y conservadora, al par en lucha y en
cooperación con el influjo occidental revolucionario, ha heredado la supremacía social del budismo,
y el régimen dual ha desaparecido.

De esta sobriedad y hasta falta de dogmas, de
vigor ortodoxo y de oración postulante —siendo más
bien la oración allí acto de concentración mística,
de purificación, de liberación de las malas tentaciones, así como de gratitud por los beneficios que en
vida hicieron los antepasados, divinizados luego por
la tradición—; de esta singular coexistencia de varias religiones en un mismo individuo, y de esa concepción que considera casi equivalentes las diversas formas religiosas, «como expresiones de una
esencia común», nace que, al menos desde el punto
de vista occidental (quizá, más bien, cristiano), se
suele tener a los japoneses como un pueblo casi sin
religión y punto menos que ateo. «Si obras bien, los
dioses te guardarán, aunque no reces»: dice un poe-
ma atribuido nada menos que a uno de esos grandes
hombres deificados. Y las palabras que cita Chamberlain de Fukuzawa, el más importante quizá de
los modernos «pensadores y educacionistas japoneses» (1835-1901), son para aquél, como seguramente para Suyematsu mismo, expresión del sentido
nacional reinante en este orden de la vida. «El mantenimiento de la paz y la seguridad en la sociedad
requiere que haya religión... Yo no tengo una natu-

raleza religiosa, ni he creído nunca en religión alguna. Se me dirá que aconsejo a los demás sean religiosos, cuando no lo soy yo. Pero mi conciencia no me permite adornarme con una religión que no tengo en el corazón... Religiones, hay muchas: budismo, cristianismo y ¡cuántas más!... No es buena política rebajar la ajena para ensalzar la propia.»— Y, por su parte, Suyematsu advierte que «si acaso hubiese un caballero japonés devoto ferviente de una religión cualquiera, más bien lo ocultaría que haría ostentación de ello».

A la confluencia de ambas religiones, según Hearn, se debe una nota sobre que insiste especialmente: el contraste entre la inmensa energía de un pueblo que está cambiando el mapa del Extremo Oriente y amenazando el mercado universal, y la insignificancia usual de sus manifestaciones. Las calles, por ejemplo, con sus casitas de madera, sus faroles de papel, parecen cosa de juguete; sobre todo—añade—, si se las compara con nuestro sistema occidental de urbanización, con sus tremendas montañas de casas, fábricas, almacenes, que interceptan la vista del paisaje y donde habitan miles de seres humanos, unos sobre otros, víctimas de una vida de negocios enormemente complicada, utilitaria, triste y sin simpatía, y que apenas entrevén sobre sus cabezas el azul del cielo al través de una red de alambre; mientras que, bajo su suelo, otra red de vías siniestras mantiene la lucha contra la infección, que amenaza siempre ese hacinamiento de gente, ese torbellino de intereses, de ruidos, de vapor, de electricidad, de guerra sin misericordia, en que no nos sentimos vivir, sino arrastrados como en un ciclón. — El mundo japonés — dice —, por el contrario, es un mundo plácido y sereno, a la vez sencillo y refinado; pero mundo en miniatura, frágil, efímero, interino, hecho y deshecho en un abrir y cerrar de ojos, despertado por el budismo a la conciencia de la fugacidad y caducidad de una vida donde es locura empeñarse en la inmovilidad; y todo fluye, se hace, deshace y rehace en la «impermanencia», como una ilusión. En una semana se construye una casa; el templo más reverenciado, el de Isé, debe ser reedificado cada veinte años. ¿Cuántos ha necesitado para cambiar de instituciones?... Hasta los terremotos, tan frecuentes, transforman en un día el aspecto y relieve del país. No hay permanente más que el lugar donde el posadero creía únicamente posible la paz perpetua: el cementerio.

La ley eterna de la vanidad de las cosas amadas le ha enseñado a sufrir impasible, a despreciar el placer, el dolor y la muerte, como hechos sin importancia; a dominar su impresionabilidad y la expresión de sus sentimientos y a huir de lo que excita las pasiones, mediante una disciplina a la espartana, coronada por un culto heroico del sacrificio y del deber, que — en la interpretación entusiasta de Hearn — recuerda el imperativo kantiano. La leyenda del samurai de siete años que se suicida delante del príncipe para hacerle creer que su padre ha muerto y evitar así que lo persigan, es un terrible paradigma de ese ideal del caballero, para quien una reprensión justa «es más de temer que la muerte».

Para Suyematsu, es muy diferente el valor ético de las tres religiones, si tratamos como tal el confucismo: inmenso el de éste, que ha dado al Japón, con su tabla de valores, por decirlo así, todo el catálogo de sus deberes y virtudes múltiples; grande el del sintoísmo, cuya deontología coincide en general con la de aquél; cortísimo el del budismo, que tiene poca moral y «demasiada filosofía», y cuyo cielo, infierno y purgatorio el pueblo entiende de un modo demasiado material. En cuanto a la acción del cristianismo, profesado por un grupo poco numeroso, la tiene por insignificante. ¿Qué pasará, andando el tiempo? En estos momentos mismos se trata de establecer en Tokío una Universidad católica dirigida por jesuítas ingleses y americanos. Pero si a este hecho aplicásemos el criterio de Hearn, tal vez no veríamos en él sino la necesidad de elevar el inferior nivel intelectual de los cristianos japoneses, frente al de la educación religiosa que los fieles budistas reciben hoy de muchos de sus sacerdotes, formados en París y en Oxford, y «cuyos nombres son conocidos de los sanscritistas del mundo entero». El Gobierno japonés, por su parte, insiste más y más cada día en pro de la educación superior del

sacerdocio indígena. Destruir en un espíritu cultivado una creencia religiosa sencilla —dice Hearn—
no es difícil. Lo difícil es sustituirla. No es lo mismo ingresar «como miembro en una nueva secta»,
que cambiar la psicología, los sentimientos y las necesidades de una raza. Además, en Occidente, para
este escritor, la religión se va trasformando en una
mera sanción social de la ética, y el clero, en una
especie de policía moral. En tales condiciones, el
porvenir religioso pertecece en el Japón «a un budismo enérgicamente fortalecido por la ciencia occidental.» Y aun en la evolución de las creencias
bajo el influjo de las teorías modernas de un Spencer y un Huxley, «es bastante posible imaginar una
forma de religión occidental, apoyada en todo el
poder de la «filosofía sintética» y que diferirá del
budismo principalmente por la mayor exactitud de
sus concepciones». Todo el mundo sabe la importancia actual de un cierto neo-budismo en Europa
y América. Pero hay más. El culto de los antepasados, el politeísmo, el sintoísmo, «no es, en lo más
mínimo, menos conciliable con la ciencia moderna
que el cristianismo ortodoxo ... Aun me atrevo a decir que es menos inconciliable en más de un respecto. Desde ciertos puntos de vista (que el autor trata
de justificar moral y científicamente), es, de todas
las religiones, la más natural y racional».

El etos japonés, en resumen, no parece obra de
la religión, cualquiera que haya sido el influjo de

estas diversas corrientes, cuya «espuma» forma. ¿Cuáles son entonces las demás fuerzas, a cuya acción se debe principalmente, o al menos tanto como a las religiosas, la constitución moral de ese pueblo, tan característico entre los demás grupos mongoles?

Nada de esto—o poco más—puede decirse, al menos por los informes de nuestros autores: sobre que la formación de un ideal moral es obra por extremo compleja, contra lo que suele decirse, al atribuirlo a un solo factor, v. gr., al religioso. Pero, sean los que fueren esos factores, allá en tiempos correspondientes a nuestra Edad Media, cuando se desarrolló también allí un sistema feudal análogo al nuestro, vino a construirse un código moral de las clases aristocráticas *(daimios, samurai, kuge...)* especialmente favorecido por la nobleza media, que llamaríamos rural, militar e iletrada, contraria a la de las ciudades, más muelle, civil, refinada y culta. El *bushido* (de *bushi,* guerrero, y *do,* camino, conducta, doctrina) vino a ser como la ética de esa nobleza, ética muy semejante a la de nuestros caballeros cristianos, con ciertas diferencias. Por ejemplo: a nuestros duelos sustituye el *hurakiri,* y del clásico tema «por Dios y por mi dama», ninguna de las dos partes habría sido aceptada por aquél. Ya se ha hablado de su tradicional tibieza religiosa, y en cuanto a la galantería, es desconocida en ese código. Pero las analogías son muchas: el nacimiento, no la riqueza, señala el rango de la persona en ambas; en ambas, la misma obediencia absoluta para con el superior, la misma supremacía del valor militar, de la sinceridad y lealtad, del honor, de la frugalidad, de la fidelidad a la palabra empeñada; la misma ayuda al desvalido, y hasta la misma frecuente hermandad para compartir la fortuna, propicia o adversa, incluso la muerte.

Hay una forma mucho más moderna de nuestro tipo medioeval, donde todavía esas diferencias señaladas disminuyen. De esa forma, también ha desaparecido ya el duelo, aunque sin que le sustituya el suicidio, y se ha atenuado la galantería en la misma proporción en que ha crecido el reconocimiento de la personalidad de la mujer, como sér humano, dotado de un fin propio, y que tiene en sí mismo su razón de ser, no meramente en el servicio del varón —de la «verdadera» humanidad—, por espiritual y elevado que este servicio sea. Ese ideal, más semejante aún al ideal del samurai, es el de lo que han llamado en la mitad del siglo XIX el «caballero cristiano en Inglaterra», el *christian gentleman*, creado como producto de toda una larga evolución, y acentuado y proclamado por todo aquel grupo de los Maurice, Kingsley, Stanley, Hughes, del cristianismo social y la *Broad Church*, y que con tan magnífica potencia llevó a la educación Tomás Arnold. La analogía entre ambos ideales es sorprendente, y la disociación entre esa analogía, en cuanto a condiciones y virtudes civiles, y esa profunda divergencia en la fe religiosa, dará que pensar a más de cuatro. ¿Qué dirá, por ejemplo, el bueno de Guillermo II de esas virtudes, él, que con su característica ingenuidad, cree —o al menos afirma— que «quien no sea buen cristiano no puede ser buen hombre, ni buen soldado»; que «la disciplina y la abnegación son las dos más altas cualidades cristianas», etc., etc...?

Añadamos, por último, a este perfecto dechado del caballero, común a ambas civilizaciones, el singular relieve con que el confucismo acentúa los deberes entre padres e hijos, cónyuges, hermanos, amigos, maestros y discípulos, jóvenes y viejos, amos y criados, y el amor a la sabiduría, el odio a la vulgaridad, la dulzura, la modestia, la pureza y el imperturbable dominio de sí mismo, y tendremos una representación. aproximada del sistema, tal como nos lo describen nuestros autores. Dos sentimientos —dice Suyematsu— dominan en el espíritu de los orientales (de esta rama): la fidelidad al emperador, que se identifica con el patriotismo, porque para ellos, pueblo, Estado, dinastía son todo uno, y la piedad filial, que se extiende a los antepasados: el culto de cuyas virtudes forma «una cierta especie de religión indefinida, pero no por esto menos potente y útil». De estos dos principios, el último prepondera en China; el primero, en el Japón, donde el amor a la patria es más bien devoción al Estado. Esto, en cuanto al objeto de esa moral; en cuanto a las cualidades, por decirlo así, personales, las que el japonés más estima son la confianza en sí mismo y una voluntad resuelta como el rayo.

1907.

SOBRE ENSEÑANZA RELIGIOSA

Para corregir cierta vaguedad en algunos razonamientos de este artículo (*) y adaptarlo al proceso natural del pensamiento del autor en un cuarto de siglo, conviene entenderlo y rectificarlo en su caso en el sentido de las conclusiones siguientes, cuya sequedad dispensará el lector, por la necesidad de dar a estas ideas la mayor precisión posible en su estado actual. Aun así, con la más sincera buena fe, ¡cuántos las hallarán ininteligibles!

1.º La Religión, en su idea universal, que se halla en el fondo y unidad común de todas las religiones y particulares (1), desde las más sensibles y materializadas a las más espirituales, íntimas y profundas, no es una enfermedad, ni un fenómeno pasajero de la historia, como la esclavitud o la guerra, o las penas aflictivas, sino una función permanente de la vida individual y social, un fin eterno de la razón. Existe en todos los pueblos y grupos, no

meramente como una concepción intelectual o una
disposición de sentimiento, o de la voluntad, para la
conducta, sino de toda el alma, a partir del vago
claro-oscuro, y el instinto del hombre primitivo,
aquí como en todo, o sea como un modo personal
de vivir y obrar, a saber: en la intimidad de nuestra
solidaridad universal que por todos lados nos penetra, y en consiguiente subordinación a la totalidad
de que somos, y en que nos movemos, y a su principio absoluto de unidad, tácito o expreso, claro o
misterioso. Este parece ser el fondo común de toda
religión, cualquiera que sea su valor y su grado en
la jerarquía de la historia. Sobre este primitivo fondo oscuro se van destacando, en esos diversos grados, los elementos que contiene: conceptos más o
menos vagos referentes al mundo y su fundamento;
sér divino, sentimientos de reverencia, humilde devoción y amor universal; la devoción y la oración
del espíritu, prácticas exteriores del culto, tendencias y esfuerzos por servir a la obra universal humana en que bien o mal, querámoslo o no, interve-
nimos...; y así va ascendiendo, en todo este complejo proceso de la historia humana y sus diversifi-
cadas corrientes, tipos y grados de su educación,
hasta regir nuestra vida toda en esa total relación,
con clara conciencia ya de ello y conforme—en lo
posible—a un tipo ideal de perfección suprema; primero representado en la fantasía antropomórfica-
mente, como uno o varios individuos sensibles, y

poco a poco desnudándose de esa limitación, ya exterior y material, ya espiritualizada, pero limitación siempre, hasta elevarse, por cima de toda finitud: símbolo e imagen, a la concepción pura de la persona absoluta, que no necesita, ni puede ser contemplada sensiblemente; ni lo necesita ella, ni nosotros, ni ha menester otros atributos que una conciencia infinita en la plenitud de sus funciones receptivas como de su voluntad.

Así, la Religión en este sentido, que se halla en el fondo, no ya de todas las confesiones positivas, de todo teísmo, sea cualquiera su grado, sino del racionalista, del que en son de protesta, y de reacción más bien, se llama ateo, no es la Moral, ni la Teología, ni un sistema de símbolos, ni un culto místico-poético, ni una metafísica para el pueblo, ni un culto de imaginativa poesía, ni un mero sentimiento, sea de amor, sea de temores o de esperanzas; sino que entrando y participando en todo esto por recoger la vida entera, es, en su concepto de unidad, una manera de obrar, una forma de la conducta: al modo como lo son en sus respectivas esferas, sobre el común objeto y contenido supuesto, el bien, la Moral, que nos pide cuenta del motivo de la acción; el Derecho, que nos obliga a la acción, se contenta con el servicio; la Moral, que nos pide cuenta del servicio; el Arte, en su amplio sentido, que nos impone el dominio de la técnica en todos los órdenes, etc., etc., para triunfar de la naturaleza y de la historia,

En la escuela y doquiera debe ser cultivado este sentido religioso de la vida, despertando gradualmente en el niño la conciencia de nuestra subordinación (humildad), *universal* cada vez más delicada y profunda, tanto cuanto su cultura lo consienta: sentido de reverencia, de emoción serena y simpatía (caridad), no sólo por cuanto nos rodea, sino, y sobre todo ello, de veneración y de amor por la fuente de donde todo ello brota. La formación de este espíritu, así en el modo de entender y sentir la vida, como en el de realizarla en sus fines, con esta orientación, cada vez menos instintiva y más delicada y profunda, tanto como su cultura lo consienta, repetimos, es función permanente de toda educación y, por tanto, de la escuela.

Pero ni la Religión, ni las restantes formas de la vida, o más bien como todas las direcciones de la conducta y de la acción, sean de forma, como la Moral, o de contenido, como la Ciencia, la Poesía o la Agricultura, no son abstracciones monótonas al modo del código universal, cosmopolita, definitivo, hijo de la «pura» razón, que, generoso, soñaba para la Política y el Derecho el siglo XVIII, por y para el Arte, etc., sino realidades que, en la sociedad y en la historia, se individualizan en múltiples tipos, recorriendo diversos grados, cuyo valor se mide por la perfección con que responden a su idea, en cada momento de la evolución.

En realidad, cada hombre adulto, allá en su intimidad más o menos clara, y más o menos profunda, vaga, adonde no siempre llega la luz de la reflexión sin darse, quizá, cuenta de ello, tiene su religión, como tiene su política, su estética o su filosofía, formado todo ello por la cooperación de fuerzas permanentes e históricas bien diversas: nadie puede vivir de otra suerte. Aquí, como en tantas otras cosas, el deber se cumple siempre, inevitablemente, en cierto límite: el *Sollen* es también, en parte, un *Müssen*. Luego, en la comunión y comercio social, las afinidades y puntos de contacto de esas direcciones individuales, multiplicadas y entretejidas por el comercio mutuo, se van formando grupos, instintivos o reflexivos y voluntarios, en acción y reacción con el medio general; y obran bajo la enérgica iniciativa de las grandes personalidades. Así se forman, verbigracia, las escuelas filosóficas o artísticas, los partidos políticos, económicos, etc. Pues así también se forman las confesiones religiosas. En cada época, y en cada uno de esos órdenes, flotan en el espíritu social cierto número de fórmulas divergentes, y a ellas se van incorporando y aun colaborando las masas mejor dispuestas por sus peculiares condiciones para seguir una u otra dirección. Estas son siempre, a la vez y en parte, una resultante de esas energías en sus bases comunes; quedando pospuestas las diferencias, siempre inevitables, aun en la más pasiva ortodoxia, mientras no se resuelva el modo de abdicar de la individualidad y

de la persona. Aun así, otras masas, ni superiores ni
inferiores por esto, pero cuyo planteamiento de los
problemas no hallan entera satisfacción en las fórmulas reinantes, permanecen fuera de esos grupos,
más o menos en contacto con ellos. Nadie—he
dicho—vive sin religión o sin política; pero no todos
se hallan afiliados necesariamente a alguno de los
partidos de su pueblo y tiempo, o—con ser a veces
tan universales y amplias—a las escuelas filosóficas
o a las comuniones religiosas que halla a su alrededor. No por esto presume de superioridad alguna sobre ellas, ni de más originalidad. Tal vez, al contrario, son espíritus llevados a apreciar más bien las
divergencias que las afinidades; y así acentuadas,
es para ellos asunto de conciencia no incluirse en
un grupo de que se creen más separados, quizá, de
lo que acaso lo estén; y no hay que decir, cuando
la inclusión pudiera serles ventajosa y acercarles a
los favores sociales o aun políticos.

Ahora, por una complejidad de causas, que sería
inútil dilucidar aquí, en cada época hay problemas
cuya discusión y divergencia perturba y apasiona de
tal modo a los espíritus, que rompe casi entre ellos
todo vínculo de humanidad; tanto más cuanto que
pertenecen a un nivel de cultura que hoy sólo se encuentra ya en las sociedades y clases y grupos inferiores. En el entierro de Channing, el apóstol del
unitarismo que niega la divinidad de Cristo, dobla-
ron las campanas de las iglesias católicas.

Es la triple característica de esta disposición de espíritu: 1.º, la dificultad para comprender otra política, otra religión, otra filosofía, otra organización social y económica que las nuestras; 2.º, la consiguiente explicación del extraño fenómeno, del error, como hijo de nuestra limitación, ni siquiera de una de esas clases de inmoralidad con que fácilmente transigimos, por razones explicadas muchísimas veces, sino de inmoralidad, perversidad y de los más ruines móviles; 3.º, la irritación sustituída a la compasión caritativa y fraternal, y llevada al máximum del desatino: para el grupo *A* y sus periódicos no puede haber un sacerdote honrado; para el grupo *B*, todo «racionalista», y no sé si peor aún, el protestante, debiera purgar su delito—y me quedo corto—en presidio. «El error es pecado», ha dicho una autoridad—en otras cosas, por cierto, más amable.

Ahora, *hoy*, entre nosotros, las divergencias en punto a soluciones doctrinales de los problemas de la filosofía, las matemáticas, la historia, la química, o de la literatura, o del arte, o aun de la ética—cosa que parecería tan escabrosa—sólo apasionan esporádicamente, son más toleradas;—y si se maltratan entre sí «los sabios», o que presumen de ello, no es más que por la mala educación que todavía reina —, y no trascienden a las grandes masas, como las divisiones de la religión o la política.

ÍNDICE

CPSIA information can be obtained
at www.ICGtesting.com
Printed in the USA
BVHW011436130521
607262BV00011B/171

9 781178 574142